문화예술경영 1

철학으로 본
앙트러프러너십

차례
Contents

티모스를 찾아서

역사의 종말에서

역사 발전을 설명하는 헤겔의 변증법에 근거하여 후쿠야마 교수는 『역사의 종말』이란 책을 1992년에 썼다.[1] 그는 이 책에서 현존 자본주의가 인류 역사의 완결 the end of history, 즉 완결판이라고 한다. 자본주의에 대한 최고의 찬사이자 경고이기도 하다. 인류가 만들 수 있는 사회체제는 더 이상 존재하지 않음을 말하고 있기에 최고의 찬사이고, 그런 연유로 자본주의는 발전을 멈출 수밖에 없다는 것을 말하고 있기에 경고이다.

찬사와 경고를 들으면서 우리를 돌아본다. 1인당 소득 1,000달러 시대에는 1만 달러가 되면 좋은 세상이 되리라 믿었고 어렵사리 1만 달러의 문턱을 넘으니 2만 달러는 돼야 선진국 대열에 합류할 수 있다고 하여 그런 줄 알고 달려왔다. 2만 달러를 넘어 3만 달러에 가까운 지금 우리가 바라던 세상이 되었는가?

젊은이들의 입에서 '헬조선'이 오르내리고 있다. '헬^{hell}'은 지옥을 말한다. 역사의 종말에 선 지금 우리 현실이 지옥이라면 앞만 보고 달려온 우리는 너무 불행하고 슬프다. 따라서 역사의 종말이 아니어야 한다. 새로운 발전의 길, 즉 1인당 소득에 목을 매는 길이 아닌 새로운 길을 모색해야 한다는 것이다. 새로운 길을 찾기 위해 쇼펜하우어의 말을 들어보자.

쇼펜하우어는 "인생은 욕망과 권태 사이를 오가는 시계추와 같다"라고 말한다.[2] 욕망을 성취하려 애쓰고 그것이 달성되고 나면 권태에 빠져 또 다른 욕망을 찾아나서는 인간의 모습을 이야기하고 있다. 따라서 그는 이러한 시계추의 악순환에서 벗어나는 방법으로 '죽음'과 '의지^{will}'를 거론한다. 죽음을 말했기 때문에 그는 염세주의 철학자로 우리에게 알려져 있고, 의지를 말했기 때문에 실존주의 철학자로도 분류될 수 있다. 취업, 연애, 결혼 등을 포기하는 이른바 'n포시대'의 우리 젊은이들은 염세주의적 길을 간다고 말할 수 있다.

죽음이 아닌 의지로 시계추인 인생을 행복하게 사는 길을 찾고자 하는 것, 그것이 이 책을 쓰는 목적이다. 과연 인생에는 쇼펜하우어가 말하는 욕망과 권태밖에 없는가? 우리는 그 답을 플라톤에게서 찾을 수 있다. 플라톤은 인간 정신^{mind,} ^{spirit}은 욕망, 이성, 티모스^{thymos}(기개, 기백, 패기) 셋으로 되어 있다고 한다. 욕망과 이성은 우리의 생활을 지배하고 있어 익숙한데 티모스는 어느 사이에 잊혀버렸다.

따라서 이 책은 흔히 '기업가정신'이라고 번역되는 '앙트러프러너십^{entrepreneurship}'으로 잊힌 티모스를 복원하려 한다(entrepreneurship의 표기는 앙트러프러너십, 앙트레프레너십 두 가지로 할 수 있지만 여기서는 전자로 한다). 셰익스피어의 『베니스 상인』에 나오는 샤일록은 돈 때문에 사람의 살점을 도려내는 것도 마다치 않는 인물이다. 그런 인물을 기업가로 연상하는 사람들은 기업가란 말에 거부반응을 보일 것이다. 충분히 이해가 간다. 하지만 진정한 앙트러프러너십은 흔히들 알고 있는 그런 것이 아니다.

역사의 종말에 선 우리 사회에 새로운 길을 열어주는 사상이 바로 앙트러프러너십이라고 생각한다. 그런데 문제는 이것이 많이 오염되어 있다는 점이다. 이 책에서는 그 오염된 앙트러프러너십을 철학으로 세탁하여 복원시키고자 한다. 세탁에 쓰인 세제가 철학으로 되어 있어 이해가 쉽지 않을지 모른다. 그래도 같이 가기를 권한다. 처음은 다소 생소하겠지만 책을 다 읽고 나면 빛이 보일 것이다.

우선 잊힌 티모스부터 찾아 나서보자.

잊힌 티모스

플라톤은 『국가』에서 인간 정신은 욕망, 이성, 티모스로 구성된다는 이른바 영혼 3분설tripartition을 말하고 있다. 티모스는 산스크리트어 dhuma, 라틴어 fumus와 개념적으로 같은 어원이고 옛 독일어 toum과는 같은 어원이다. 이들 모두는 '기氣'를 뜻하며 냄새나 향기를 뜻하기도 한다. thym을 어근으로 하는 형용사, 동사, 명사를 살펴보면 의미가 더 분명해진다. 형용사 thymikos(정열적인, 격렬한), 동사 thymiao(풍기다)·thymoomai(화내다), 명사 thymie(향기)·thymoma(분노) 등이 그 예들이다. 따라서 기개, 기백, 패기 등으로 번역할 수 있는데 이 책에는 그냥 티모스로 쓰기로 한다.[3]

플라톤이 말한 세 가지 중 욕망과 이성으로 인간 행동을 설명하는 것은 익숙하다. 자본주의는 인간의 이기심을 가장 합리적으로 충족시키는 것을 지향하는 제도라 그런 것이다.

하지만 자본주의가 역사 발전의 완결판이 된 지금에 와서도 우리는 강한 불만을 느끼고 있다. 바로 잊힌 티모스 때문이다. 티모스를 잊힌 인간 정신이라고 했지만 그 실체를 찾아나서보니 의외로 다양한 논의가 전개되고 있었다.

플라톤과 헤겔이 말하는 티모스

플라톤이 말한 티모스는 이러하다. 티모스는 비이성적 영혼으로 선과 숭고함을 지향하는 고상한 정신이다. 숭고함을 실현하기 위한 덕목이 용기^{andreia}와 분노^{thymos anger}이다. 또한 분노를 억제하거나 명예를 지키기 위해 목숨을 내놓는 행위를 숭고함이라 한다. 이 책 중반부에서 소개할 제1, 2차 페르시아 전쟁과 호메로스의 『일리아스』와 『오디세이아』에서 플라톤이 말하는 티모스가 잘 예시되어 있다.

이렇게 정의한 플라톤의 티모스를 재해석하여 새로운 철학으로 정립한 사람이 헤겔이다. 헤겔은 이를 '인정투쟁^{struggle for recognition}'이라 한다.[4] 인정은 자존심이고 자기 존엄성이다. 존엄성을 가진 인간으로서 인정받고 싶다는 욕망은 역사의 출발점에 선 인간으로 하여금 세력 확장을 위해 목숨을 건 피비린내 나는 싸움을 하게 만들었다. 이러한 싸움의 결과 인간 사회는 자신의 생명조차 아랑곳하지 않는 주군 계급과 죽음에 대한 본능적 공포에 굴복한 노예 계급으로 분할된 이후 양자 간의 모순에 의해 역사는 변모한다고 설명한다.

따라서 헤겔은 역사를 인정투쟁의 과정으로 본다. 이처럼 유심론적으로 역사 발전을 설명하지만 이런 헤겔의 논리를 이어받은 마르크스는 유물론적으로 역사 발전을 설명한다.

비약일지 모르나 민생을 도외시한 북한 정권의 핵 도발은 인정투쟁으로 볼 수 있을 것이고 일제의 조선 침탈 또한 인정투쟁에서 조선이 졌기 때문에 노예가 된 것으로 해석할 수 있을 것이다. 우리 주변의 사소한 분쟁도 들여다보면 실익이 아니라 자존심 때문인 경우가 허다하다.

실존주의가 말하는 티모스

실존주의를 이해하려면 철학 사상의 계보를 간단히 이해하고 있어야 한다. 중세시대 이후 르네상스를 기점으로 신神 중심에서 인간 중심으로 사상이 전환되자 영국에서는 경험주의가, 프랑스에서는 계몽주의가 나타났으며 이러한 논의에 뒤늦게 참여한 독일은 낭만주의 시대를 맞았다. 낭만주의는 이성보다 감성, 사고보다 의지, 과학보다 신화나 예술, 차가운 도덕보다 열정, 기계론적 세계관보다 유기체적 세계관 등 비이성적 인간 정신을 강조한다. 대표적인 철학자가 니체이고 괴테, 실러, 헤르만 헤세 등의 작가들이 이에 속한다. 낭만주의를 길게 설명하는 이유는 여기서 실존주의와 포스트

모더니즘이 나타나기 때문이다.

실존주의 철학의 핵심은 "실존은 본질에 앞선다"라는 한 문장으로 담아낼 수 있다. 이는 인간의 본질이 신의 창조물이라는 중세철학이나, 동물과 달리 합리적 이성과 감정을 지닌 것이 인간의 본질이라는 기존 철학과는 달리 본질을 고민하는 것이 아니다.

본질이 중요한 것이 아니라 존재를 중요하게 생각한다. 실존주의는 이성과 논리가 만들어놓은 사회 부조리를 비판하며 탄생한 철학이다. 따라서 이성이나 합리보다 자유의지를 강조하는 것이 특징으로 자기부정과 자기초월을 통해 주체성을 찾는 것을 추구한다. "왜 산에 오르느냐고 물으면 산이 거기에 있기 때문이다." 이는 산악인들이 많이 하는 말인데 실존주의적 답변으로 좋은 예다. 이처럼 실존주의에서는 실존을 행위, 부조리에 대한 저항, 노동 윤리 등으로 해석하고 있다.

철학자로서는 키르케고르, 니체, 야스퍼스, 하이데거 등이 있으며 작가로는 사르트르, 카뮈가 대표적이고 메를로퐁티, 생텍쥐페리, 카프카 등도 이에 속한다. 여기서는 이들 중 몇 사람의 사상만 간단히 논의하기로 한다.[5]

니체가 말하는 티모스

니체Friedrich Wilhelm Nietzsche(1844~1900)는 실존주의와 낭만주의 중간에 있는 철학자로 '차라투스트라(초인)'를 통해 그리스인들의 강건한 정신력을 회복하려 한다. 니체의 사상은 초인 정신에서 잘 나타난다.[6]

초인이란 고난을 견디는 것에 그치지 않고 고난을 사랑하는 사람이며 고난에게 얼마든지 다시 찾아올 것을 촉구하는 사람이다.

그가 말하는 강건한 정신은 고통을 피하는 것이 아니라 오히려 그것을 사랑하고, 그것과의 대결을 통해 자신을 강화하고 고양시킨다. 또한 가혹한 운명과의 대결에서 자신을 더 강하고 깊은 존재로 고양시킬 것을 이렇게 외치고 있다.

위험하게 살아라. 베수비오 화산 비탈에 너의 도시를 세워라.

한편 니체는 동양 사상인 불교에도 심취한 것으로 알려져 있는데 다음은 니체 사상을 비교적 잘 담아내고 있는 불경 구절이다.

소리에 놀라지 않는 사자처럼

그물에 걸리지 않는 바람처럼

흙탕물에 물들지 않는 연꽃처럼

무소의 뿔처럼

혼자서 가라

카뮈가 말하는 티모스

카뮈^{Albert Camus}(1913~1960)는 『시지프(시시포스) 신화』 『페스트』 등의 작품을 통해 '반항'을 티모스로 말하고 있다. 인간이 거대한 도전이나 부조리 앞에서 취할 수 있는 것은 자살, 희망, 반항인데 카뮈는 『페스트』라는 소설에서 세 인물로 이를 그려낸다. 기자 랑베르, 신부 파늘루, 의사 리외 세 사람이 알제리의 작은 도시에서 페스트에 대처하는 모습을 통해 부조리 앞에서 취하는 인간 행위에 대해 이야기한다.

기자 랑베르는 수단 방법을 가리지 않고 혼자 그 도시를 떠나려 하는데 이는 자기도피이다. 카뮈는 자살 또한 자기도피라고 보는데 부조리를 죽음으로 끌고 가기 때문에 해결이 아니라 문제의 소멸일 뿐이라며 자살을 비판한다.

다음은 신부 파늘로이다. 어려움이 지나가고 나면 선한 사람들만 남아 더 좋은 세상이 올 것이니 하느님께 기도할 것을 권한다. 이는 자신의 노력 없이 희망을 갖는 것으로 자기기만적 속임수임이다.

마지막으로 의사 리외를 통해 반항을 말한다. 사막에서 벗어나지 않은 채 버티는 것, 그것이 반항이라고 한다. 또한 그는 『시지프 신화』를 통해 하늘 없는 공간, 깊이 없는 시간과 싸우는 형벌을 피하지 않고 받아들이는 것을 반항으로 그려내고 있다.

사르트르가 말하는 티모스

사르트르Jean Paul Sartre(1905~1980)는 『구토』라는 소설을 통해 '앙가주망engagement'을 티모스로 제시하고 있다. 주인공 로강탱은 자신을 잉여인간으로 느낄 때마다 구토를 하는데 그는 이렇게 말한다.

모든 것이 무의미하다. 공원도 도시도 나 자신도 무의미하다. 이러한 것들을 분명히 알게 되면 속이 울렁거리고 모든 것이 가물거리기 시작한다. 그리고 구토가 난다. 그래서 책을 쓰기로 작정했다.

그는 무의미를 깨닫고 진정한 자기로 사는 것을 실존으로 강조하는데, 진정한 자기로 사는 것이란 무엇일까? 그는 행위를 말하는데 이것이 앙가주망이다. 앙가주망은 일종의 구속이나 계약으로 무엇에 자신을 스스로 잡아매는 행위를 말한다. 이는 자기해방임과 동시에 자기구속으로 자유의지가 바탕을 이룬다.

무엇에다 자기를 잡아맬 것인가? 이를 모르는 자유를 저주받은 자유라고 하면서 사르트르는 사회문제에 구속되는 것, 즉 사회참여를 이야기한다. 이는 자신의 상황에서 자유로이 행위 하라는 의미이기도 하다.

하이데거가 말하는 티모스

하이데거 Martin Heidegger (1889~1976)는 『존재와 시간』에서 본래적 자기로 사는 방법, 즉 실존하는 방법으로 '죽음 앞에 미리 달려감'을 티모스로 이야기한다. 이는 1년이나 2년 후 죽는다고 생각해보라는 의미이다. 그래서 하지 말아야 할 일들은 하지 말고 해야 할 일들을 하는 것이 본래적 자기로 사는 방법이라고 한다. 이를 결단 또는 기획투사라고 한다.

또한 그는 죽음을 신들이 인간을 질투하는 축복으로 보고 인간은 죽음 앞에 선 존재라고 하여 신과 인간 간의 경계를 긋고 있다. 자신이 죽음을 향해 미리 달려가면서 자유스러워질 때만이 우연히 들이닥치는 여러 가능성 속에서 자기상실로부터 벗어날 수 있다고 말한다.

애덤 스미스, 막스 베버 그리고 매슬로가 말하는 티모스

여러 사람을 한 번에 묶는 이유는 이들의 사상이 오늘날 자본주의 경제 이론의 근간을 이루고 있기 때문이다. 이들이 플라톤의 티모스를 알고 있는지 의문이지만 현존하는 우리의 물질적 삶을 결정하는 이론들이라 티모스와 연결시켜 논의한다.

애덤 스미스^{Adam Smith}(1723~1790)는 1776년 『국부론』을 출간하여 자본주의의 사상적 터전을 마련했다.[7] 그는 『국부론』 이전에 출간한 『도덕감정론』에서 이기심과 공감^{sympathy}을 다루는데, 특히 이기심을 자본주의의 사상적 기반으로 삼는다. 다만 모든 이기심이 좋은 것은 아니며 공감할 수 있는 이기심이 자본주의 사상이라고 지적한다. 타인이 내 입장이 되었을 때도 그리할 수 있을 것으로 보는 이기심이 도덕감정이다. 그는 이기심의 중요성을 이렇게 말하고 있다.

이기심이 없다면 우리는 지금도 동굴에서 살고 있을 것이다.

이처럼 애덤 스미스는 플라톤이 말하는 욕망과 티모스를 하나로 묶어 공감, 즉 도덕감정으로서의 이기심을 티모스로 보는 것으로 짐작된다. 그는 이기심을 충족시키는 데는 분업이 가장 효율적이며, 분업으로 물건을 생산하고 이를 시장을 통해 교환하면 이기심을 잘 충족시킬 수 있으므로 정부 개입 없이 모든 것을 시장기구에 맡길 때 이기심 충족이 효율적으로 가능하다고 하여 자유시장경제의 논리적 기틀을 제공한다. 요컨대 도덕감정으로서의 이기심, 분업, 시장기구 등이 자본주의 사상이라는 것이다.

애덤 스미스의 이 사상은 대공황을 겪으며 케인스에 의해 혼합경제 모델이 등장하면서 쇠퇴했으나 레이건 대통령, 대처 수상 등에 의해 신자유주의란 이름으로 재생하여 아직도 자본주의 사상의 근간을 이루고 있다.

한편 자본주의 사상에서 빼놓을 수 없는 인물이 막스 베버$^{Max Weber}$(1864~1920)이다.[8] 그의 사상은 『프로테스탄티즘의 윤리와 자본주의 정신』에 잘 나타나 있다. 그는 이 책에서 근면, 신용, 시간 엄수, 절제와 같은 가치를 프로테스탄티즘에 근거한 자본주의 정신이라고 말한다. 이렇게 하여 번 돈으로 돈을 버는 행위, 즉 투자하여 자본 수익을 얻는 것이 하느님의 뜻에 벗어나지 않는다고 하여 이자를 종교의 굴레에서 벗어나게 하는 데 큰 공헌을 했다. 요약하면 막스 베버는 근면, 신용, 시간 엄수, 절제 등을 티모스로 본 것이다.

이 두 사람에 크게 못 미치지만 경영학 교수들이 많이 인용하는 이론이 매슬로$^{Abraham H. Maslow}$(1908~1970)의 욕구 5단계설이다.[9] 욕구 5단계설에 따르면 인간의 욕구는 '생리적 욕구, 안전 욕구, 사회적 욕구, 존중 욕구, 자아실현 욕구'라는 다섯 단계로 나눌 수 있고 낮은 단계가 충족되고 나면 높은 단계로 옮겨간다. 그는 플라톤이 말하는 욕망과 티모스를 묶어 욕구로 보고 욕망은 낮은 단계에 있고 티모스는 높은 단계에 있는 것으로 설명한다. 자아실현 욕구, 존중 욕구, 사회적 욕구 등이 바로 매슬로가 말하는 티모스이다.

하지만 생리적 욕구나 안전 욕구가 충족되지 않은 사람도 티모스가 있는 삶을 살아갈 수 있기 때문에 단계로 접근하는 것에는 논리적 허점이 있다.

티모스가 살아 있는 인간

자신의 나약함에 분노하고 부끄러워하는 이가 있다. 또한 물질적 만족에 그치지 않고 사회구조의 문제점을 줄기차게 문제 삼는 이도 있고 위험을 무릅쓰고 기존의 틀을 넘어서려 몸부림치는 사람도 있다. 이는 티모스가 살아 있는 인간 유형이 있다는 뜻이다. 그리스 시대 이후 철학자나 작가는 이상적인 인간 유형을 그리는데 그 공통된 특징이 티모스이다. 티모스가 살아 있는 인간 유형을 시대별로 살펴보자.

자유인

그리스 시대에는 자유인을 티모스가 살아 있는 인간 유형
으로 보았다. 자유인은 노예와 대비되는 인간으로 가슴이 있
는 인간, 완전한 권리와 완전한 의무를 갖는 인간으로 규정
된다.[10] 그리스 시대에는 인구 중 약 4분의 1이 자유인이었
다. 2분의 1은 노예였으므로 여성과 어린이를 제외하면 4분
의 1이 된다. 이들은 자유롭게 호선으로 지도자를 선출하는
직접 민주정치를 실시했고 전쟁이 나면 목숨을 걸고 나라를
지켰다. 자유인은 책임과 권리를 함께 중히 여기는 사람이
었다.

종말인, 최초인, 초인

근대에 접어들어 헤겔과 니체가 티모스가 있는 인간 유형
을 논했다. 헤겔은 최초인first man과 종말인last man으로 인간을
나누고 최초인을 티모스가 있는 인간 유형으로 정의한다. 종
말인은 쾌적한 자기보존을 위해서라면 훌륭한 가치에 대한
긍지 높은 신념마저 내던져버리는 인간 유형이다.[11] 가슴이
없는 인간, 욕망과 이성만으로 만들어진 기개 없는 인간, 사
리사욕의 이해타산을 통해 너저분한 욕구를 계속 채워나가
는 데만 눈치 빠른 인간이다.

최초인은 먹을 것이나 수면, 주거 특히 자신의 생명을 지

키려고 하는 욕망 등 자연적 기본 욕망은 동물과 다를 바가 없다. 이 점에서는 자연계의 일부이다. 그러나 최초인은 티모스를 가지고 있어 동물과 다르다. 이들은 다른 사람으로부터 필요한 존재가 되거나 인정받기를 원한다.

니체 또한 종말인을 말하면서 반대에 초인(차라투스트라)이란 인간 유형을 둔다. 초인은 헤밍웨이의 『노인과 바다』에 나오는 산티아고 노인으로 생각하면 될 것이다. 성과에 연연하지 않는 사람, 곁눈질 하지 않고 가던 길을 묵묵히 가는 사람이다. 설혹 주어진 운명이 가혹하더라도 피하거나 굴하지 않고 끌어안고 가는 모습을 산티아고 노인은 보여준다. 헤밍웨이는 『노인과 바다』에서 최초인을 이렇게 묘사하고 있다.[12]

망망대해에서 인간과 물고기가 벌이는 이 비장한 싸움에서는 승리나 패배라는 것이 있을 수 없고, 오직 누가 끝까지 비굴하지 않게 숭고한 용기와 인내로 싸우느냐가 중요하다. 물고기의 몸에 작살을 꽂고 밧줄을 거머쥔 채 물고기가 수면 위로 떠오르기를 기다리는 노인, 작살에서 벗어나기 위해 용틀임치는 거대한 물고기, 물고기와 노인의 이러한 팽팽한 대결은 서로가 목숨을 내놓고 싸우는 영예로운 싸움이다.

반면에 노인이 잡은 청새치에 몰려드는 상어 떼를 종말인에 비유하며 비열하고 천박한 기회주의자 정신을 이야기한다. 정신력과 생명력의 고양을 위해 적어도 자신과 대등하거나 강한 자들과 투쟁하는 험난한 운명을 택하는 것이 아니라, 이윤과 안락을 확보하기 위해 온갖 비열한 방법으로 약한 자들을 갈취하는 안이한 운명을 선택하는 자들을 니체는 경멸한다.

앙트러프러너

현대 자본주의사회에서 티모스를 가진 인간 유형은 '앙트러프러너entrepreneur'이다. 이들은 자유인이나 최초인, 초인과는 다른 특징을 갖는데 창의적 혁신자를 가리킨다. 이들은 새로운 기회를 찾아내기 때문에 창의적이며, 이를 구현하기 때문에 혁신적이다. 따라서 '기업가起業家'로 번역하면 적절하다 (이후 앙트러프러너와 기업가起業家는 문맥에 맞게 혼용해서 사용한다).

노벨상을 수상한 과학자, 뛰어난 예술가, 인류의 고통을 덜어주고 생활을 풍요롭게 해주는 기업인, 한 나라를 부강하게 하는 지도자, 자기 일에 최선을 다하는 장인, 뛰어난 모험가 등이 여기에 속한다. 이에 대해서는 다음 장에서 좀 더 자세히 논의한다.

기업가는 어떤 사람인가

왜 이 질문을 하는가?

기업가란 앙트러프러너entrepreneur를 번역한 용어임을 앞에서 말했다. 앙트러프러너는 플라톤이 말하는 티모스가 살아 있는 현대인으로 창의적 혁신자를 말한다. 그래서 企業家가 아니라 起業家로 번역해야 된다고 말했다. 따라서 어떤 사람이 기업가인지를 이해한 사람은 군이 "기업가는 어떤 사람인가?"라는 질문이 필요하지 않을 것이다. 그래도 개념과 특징을 분명히 하는 것이 연구자의 도리라고 생각하여 여기서는 두 가지를 논하려 한다.

먼저 다소 건조하지만 프랑스 학자 그레마스[Greimas]의 사변형을 활용하여 기업가의 정의를 분명히 하고자 한다. 다음으로 모두가 기업가가 될 수 있는데 왜 특정인만 기업가가 되는지를 말하려 한다.

기업가는 누구인가?

그레마스의 기호학적 사변형

기업가 및 유사 기업가를 이해하기 위해서는 기호학에서 널리 사용되는 그레마스의 사변형을 이해할 필요가 있다.[1] 좀 딱딱한 내용이지만 올바른 이해에 필요한 과정이므로 짚고 넘어가도록 하자.

가령 "밥은 먹고 사니?"라는 자식의 안위를 걱정하는 어머니의 안부 전화를 생각해보자. 물론 이 문장 전체에 담긴 뜻은 자식에 대한 어머니의 사랑이지만 여기서는 '먹다'의 의미에 초점을 맞추어 분석한다. '먹다'와 이항대립적인 위치, 반대 위치에는 '굶다'가 있다. 하지만 여기서 끝이 아니다. '먹다'에는 다시 '잘 먹다'와 '겨우 죽지 않을 만큼 먹다'가 있을 수 있다. 따라서 '안 굶다'의 의미가 있는 것이고, 이와 이항대립적인 위치에 '안 먹다'가 있는 것이다. 이처럼 우

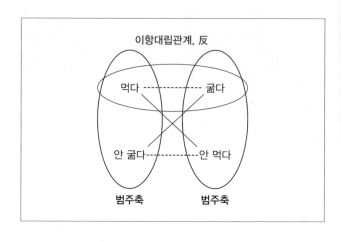

이항대립관계, 反

먹다 ----------- 굶다

안 굶다----------- 안 먹다

범주축　　　　　　범주축

리는 '먹다'를 네 가지 의미로 해석할 수 있다.

네 의미 간의 관계를 표시한 그림에서 '먹다'와 '굶다'는 이항대립, 즉 반反의 관계에 있고 '먹다'와 '안 굶다', '굶다'와 '안 먹다'는 같은 의미는 아니지만 같은 범주에 속한다. 이처럼 그레마스의 사변형은 어떤 개념의 의미를 이항대립과 범주축으로 나누는 기호 분석 방법이다. 이 방법을 우리가 알고 있는 개념에다 적용하면 신기하게도 의미가 분명해지는 것을 느낄 수 있다. 개념을 논의할 때 꼭 권하고 싶은 분석 방법이다.

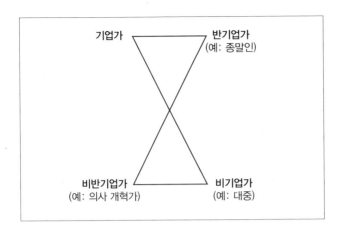

기업가의 사변형 분석

그레마스의 사변형으로 기업가를 분석하면 그림처럼 기업가, 반기업가, 비반기업가, 비기업가 등으로 나누어진다. 따라서 기업가의 의미를 분명히 하기 위해 세 가지 개념과 비교할 필요가 있다. 먼저 이항대립적인 개념인 반기업가를 살펴보고 범주축에 해당하는 다른 개념들도 차례로 살펴보기로 한다.

첫째, 반기업가이다. 앞 장에서 자유인 대 노예, 최초인 대 종말인, 초인 대 종말인 등의 비교로 반기업가에 해당하는 인간 유형을 논했다. 현대에 와서도 특히 논의의 중심에 있는 개념이 종말인이다. 스탠퍼드 대학 정치학 교수인 후쿠야마.Francis Fukuyama(1952~)는 『역사의 종말』이라는 책에서 역사의 종점에 선 종말인을 묘사한다.[2] 종말인은 사회적 책임에 무관심하고 자신의 건강, 부, 권력, 명예에만 관심을 갖는 사람을 말한다. 옳은 것에 대한 신념은 사라지고 자기 이익에 격정적으로 열중하는 인간 유형이다.

좀 주제넘은 말이지만 자기보존적 이익 추구에 몰입하는 종말인이 우리 사회에 점점 늘어나고 있다는 생각이 든다. 특히 100세 시대란 담론이 나온 이후 종말인은 급속히 늘어나고 있어 담론의 이데올로기적 힘을 절감한다.

둘째, 비반기업가이다. 의사疑似 개혁가가 여기에 해당한다. 개혁을 외치지만 자신의 권력이나 부는 절대 내놓지 않는 사람들을 말한다. 일반화해서 말하기는 곤란하지만 상당한 정치가들이 이 범주에 속할 수 있다. 이들은 철저한 정치적 논리로 무장한 채 포퓰리즘적 개혁과 혁신을 말하지만 내면에는 자신이나 당파의 이익을 취하려는 탐욕이 숨어 있다. 가장 경계해야 할 유형이다.

셋째, 비기업가이다. 반기업가는 아니지만 이 범주에 속하는 사람들은 매우 많아 대중을 이루고 있다. 대중은 노골적으로 종말인적 자세를 보이지는 않지만 의사결정에 참여하는 경우 종말인의 입장에 설 가능성이 높다. 대중의 이런 속성으로 인해 한 사람에서 두 사람, 세 사람으로 이해관계자가 늘어날수록 의사결정은 기존의 것을 따를 수밖에 없다. 새로운 것을 할 수가 없다는 뜻이다. 어찌 보면 다수결이라는 민주적 의사결정은 비기업가적이라 할 수 있다. 따라서 기업가는 비민주적일 수 있다.

기업가의 예

기업가의 예를 생각해보라고 하면 이병철, 정주영, 스티브 잡스 등을 떠올릴 것이다. 기업가를 돈 많이 번 사람으로 생각한다는 증거이다. 물론 이런 기업인들도 기업가의 예에 속한다. 하지만 우리가 간과하고 있는 기업가는 사회 도처에서 찾을 수 있다. 인류를 미신과 미망에서 벗어나게 한 과학자, 새로운 감정의 세계를 열어준 예술가, 백성의 고통을 없애려 노력한 군주, 미지의 세상을 개척한 모험가, 품질 좋은 제품을 만들어 우리에게 물질적 풍요를 안겨주는 장인 등이다.[3]

이후 이들 기업가를 소개할 기회는 있지만 장인과 모험가는 지면의 한계로 따로 다루지 못하여 여기에 간단히 소개한다.

장인 정신

효창운동장 근처에서 붕어빵을 26년간 트럭에서 구워서 팔고 있는 60대가 있다. 어느 더운 여름 우연히 지나다 땡볕에서 붕어빵을 팔고 있는 모습이 하도 이상해서 물어보니 1년 내내 같은 장소에서 팔고 있다고 한다. 겨울에는 붕어빵을, 여름엔 빙과류를 파는 노점상을 생각했기에 이상하다고 한 것이다. 몇 번 왕래하는 길에 안면을 트고 그로부터 자세한 얘기를 듣게 되었다.

여름에도 붕어빵을 찾는 사람이 있어 사계절 붕어빵을 팔아 생계를 유지하고 자녀의 대학 공부까지 마쳤다고 한다. 1년 내내 붕어빵을 팔기 위해 여름 붕어빵과 겨울 붕어빵의 성분 배합이나 두께를 달리하여 여름은 식혀서 먹어야 맛이 있고 겨울은 뜨겁게 먹어야 맛이 있게 조절한다고 한다. 또한 여름에도 선풍기를 켜지 않는데 선풍기 바람으로 인해 화로의 불이 흔들리면 붕어빵이 골고루 구워지지 않기 때문이라고 한다. 그러면서 불구의 몸으로 이렇게 붕어빵으로 가장의 책무를 다할 수 있어 감사하다고 한다.

다른 노점상이 하는 일상적인 방식을 벗어난 새로운 방식으로 고객과 자신의 연결고리를 만들어내어 26년간이나 생업으로 삼고 있는 것이다. 운명을 장인 정신으로 승화시킨 티모스가 있는 사람이라 기업가로서 손색이 없다.

어니스트 새클턴

영국 모험가인 새클턴Ernest H. Shackleton(1874~1922)이 보여주

는 티모스이다. 28명의 대원으로 남극 탐험 중 조난당하여 634일 만에 전원 무사 귀환한 스토리이다.[4] 새클턴은 리더십으로 유명한 사람인데, 그것은 모험 정신과 조난 후 리더십으로 요약할 수 있다.

위험천만한 여행에 참가할 사람을 모집하면서 그는 이렇게 광고했다.

임금은 많지 않음, 혹독한 추위, 수개월 계속되는 칠흑 같은 어둠, 끊임없이 다가오는 위험, 그리고 무사 귀환이 의심스러운 여행임. 물론 성공할 경우에는 커다란 명예와 인정을 받을 수 있음.

조난 후에 그가 보인 리더십이 또 다른 티모스를 보여주고 있다. 28명에게 슬리핑백을 지급할 때 하급자에게는 좋은 것을 지급하고 자신을 포함한 상급자에게는 나쁜 슬리핑백을 추첨 형식을 통해 분배했다. 계급에 상관없이 공평하게 일하고 공평하게 식량을 나누었으며, 나태해지고 절망감이 생길 수 있기 때문에 식량인 펭귄의 비축을 금지했다. 마지막에는 5명의 말썽꾸러기를 데리고 사우스조지아 섬으로 구원 요청을 떠나 무사히 귀향할 수 있게 된다.

기업가는 태어나는가 길러지는가, 아니면?

플라톤이 말한 티모스는 모든 인간이 갖는 공통된 정신이다. 그럼에도 불구하고 왜 누구는 기업가가 되고 누구는 종말인이나 대중이 될까? 이 의문에 답하기 위해 인간 능력이나 특성에 대한 두 가지 접근인 결정론determinism과 의지론free will을 소개한다. 이를 통해 "기업가는 태어나는가 길러지는가, 아니면?"이라는 질문에 답해보고자 한다.

결정론

먼저 결정론에 대한 논의다.[5] 결정론은 다시 유전결정론과 환경결정론으로 나눌 수 있다. 유전결정론은 유전적 요인에 의해 지능이나 성격이 결정된다는 것이고 환경결정론은 이를 보완하여 같은 부모에게서 태어난 자식도 다른 양부모 밑에서 양육될 경우 지능이나 성격이 큰 차이를 보인다는 것이다. 맹모삼천지교孟母三遷之敎는 후자를 반영하는 고사이다.

유전인가, 환경인가라는 논쟁이 흥미를 끄는데 요약하면 이렇다. 둘의 영향 중 어느 쪽의 영향이 큰지에 대한 논의는 아직도 진행 중이지만 대략 두 가지 결론에 이르고 있다.

첫째, 타고난 본성과 자라난 환경 모두에 의해 지능이나 성격 등 개인적 특성이 결정된다는 것이다. 즉 두 가지 모두 영향을 미친다는 점에 대해서는 의견 차이가 없다.

둘째, 둘 중 어느 영향이 큰지에 대해 일치된 견해는 없지만 대체로 양육 영향은 유전 영향보다 적은 것으로 알려져 있다. 다만 무리 지어 생활하는 동물일수록 양육 영향이 크다고 한다. 그 증거로 인도 벵골 지역에서 발견된 늑대소녀와 원숭이 실험이 있다. 늑대에게 잡혀가 늑대를 엄마로 알고 자란 5~6세 소녀가 늑대와 유사한 특성을 보이고 인간 생활에 적응하지 못해 1~2년을 넘기지 못하고 사망한 사례에서 무리 동물은 그 무리의 영향을 크게 받음을 짐작할 수 있다.

한편 연구에 따르면 혼자 자란 원숭이, 무리 속에서 자란 원숭이(어미 없음), 무리 지어 살면서 어미가 있는 원숭이 가운데 혼자 자란 원숭이보다 무리 속에서 자란 원숭이의 지능이 더 뛰어난 것으로 밝혀졌다. 흥미로운 사실은 무리 속에서 자라는 것이 중요하지 어미가 있느냐 없느냐는 별 영향을 미치지 않는다는 것이다.

원숭이 실험 결과를 사람에다 적용하면 이렇게 말할 수 있다. 자란 환경은 사람의 역량에 큰 영향을 미칠 수 있다. 그러나 엄마가 양육해야 한다는 것은 아니다. 조부모나 단체가 양육하더라도 엄마가 키운 아이에 비해 지능이나 성격에서 문제가 있다고 볼 수는 없다. 따라서 맹자 어머니가 맹자의 교육을 위해 세 번 이사한 것은 의미 있다 할 수 있으며, 자녀 교육을 위해 특정 학교나 지역으로 이사하는 것도 일면 타당하다고 볼 수 있다.

결정론에 대한 논의를 보면서 우리는 자연스럽게 이런 의문을 품게 된다. 같은 부모 밑에서 태어나 같은 교육 여건과 생활 여건에서 자란 형제자매 간에 능력 차이가 보이는 이유는 무엇인가? 감정이나 정신은 더더욱 같지 않다. 이런 현상을 설명하기 위해 자유의지론이 등장했다.

자유의지론[6]

자유의지는 스스로 자신의 행동을 자유롭게 결정하는 의지이다. 자신은 고귀한 존재이고 자신의 모든 것을 스스로 책임져야 한다는 정신적 각성을 말한다. 알랭Alain(1868~1951)은 자유의지를 돛단배가 바람과 물결을 거슬러 올라가는 것으로 비유하는데, 바람과 물결은 바로 결정론이다. 주어진 여건과 타고난 능력에 과감히 맞서려는 의지를 그렇게 말하고 있는 것이다.

자유의지는 인간만의 고유한 덕목은 아니다. 금잔화 씨앗에 방사선을 쐬면 각기 다른 반응을 보이듯이 식물조차 자유의지가 있다고 한다. 이는 긍정심리학과도 연결된다. 긍정심리학 이론 중에 자기충족예언self-fulfilling prophecy이라는 것이 있다. 긍정적으로 미래를 생각하면 그리되고 부정적으로 생각하면 부정적인 결과를 가져온다는 것이다. 또한 피그말리온 효과라는 것도 있는데, 간절히 바라면 이루어지는 것을 그리스 신화를 차용하여 표현한 것이다.

따라서 이 논리에 따르면 이렇게 말할 수 있다. "실패자는 의지가 부족한 자다." 개천에서 난 용들이 이런 말을 흔히 하곤 한다.

운명애

인간 성격이나 능력은 결정되어 있거나 조작될 수 있다고 믿는 결정론의 뿌리는 중세적 인간관이다. 인간은 신이 만든 존재이기 때문에 따로 생각할 것 없이 충실히 기도하고 교회를 다니면 천당에 갈 수 있다는 일종의 숙명론이다.

르네상스 이후 경험주의, 계몽주의 철학자들에 의해 인간의 운명은 신이 아니라 인간 정신에 의해 결정된다고 보는 관점이 등장하는데, 의지론은 바로 이러한 근대철학의 연장이다. 하지만 숙명론이 중세 1,000년의 암흑기를 가져왔다면 의지론(이성에 근거한 의지를 말하기 때문에 이성론이라고도 한다) 또한 만만치 않은 어둠을 인류사에 드리웠다. 특히 제국주의가 약소국을 침탈하는 논리적 근거를 제공했다. 미개한 것은 인간의 이성(의지)이 부족하여 그리된 것이니 깨친 우리가 들어가서 바꾸어주는 것이 인류 발전에 공헌한다는 논리였다. 이런 미명 아래 제국은 약소국을 침탈하고 반항하는 양민을 숱하게 살해하거나 노예로 팔아치웠다.

이를 지켜본 철학자들에 의해 실존주의가 나타난다. 운명도 아니고 그렇다고 철저한 이성(의지)도 아닌 운명을 받아들이면서 이를 승화시키려 행위 하는 것을 실존이라고 본 것이다. 니체는 실존을 운명애amor fati라고 말하는데, 어쩔 수 없는 운명을 긍정하고 사랑하라는 것이다. 니체의 말을 들어보자.[7]

나는 그런 고통이 인간을 개선하는지에 대해서는 의심을 갖고 있다. 그러나 그것이 우리를 깊어지게 한다는 사실을 알고 있다. (……) 우리는 그런 위험한 자기 지배의 단련 속에서 다른 사람이 되는 것이다.

아무래도 "태어나는지, 길러지는지, 자유의지인지, 아니면?"이란 의문에 대한 최종적인 답은 니체에게 넘기는 게 편할 것 같다. 니체가 말하는 운명애가 기업가가 되게 하는 것이다. 태어나면서 갖는 능력이나 성격, 자란 환경을 긍정하면서 이를 승화시키려는 것이 운명애이다. 그럼 운명애로 살아가면 얻는 것이 있을까?

초합리의 티모스

이 책을 읽는 사람들이라면 이런 의문을 가질 듯하다. 기업가로 살아서 얻는 게 무엇인가? 기업가적 삶을 산다고 해도 마땅히 얻는 것이 없을 수 있다. 예술가는 가난하게 살다 혼자서 쓸쓸히 저세상으로 갈 수 있고 과학자 또한 생전에 빛을 보지 못하고 갈 수도 있다. 물론 기업인들처럼 큰 부를 모을 가능성도 있다.

따라서 기업가는 얻는 것을 계산하고 일을 도모할 수 있다. 하지만 얻는 게 없더라도 사람으로서 꼭 해야 한다고 생각하고서 일을 도모하는 것이 기업가의 진정한 티모스이다. 따라서 티모스는 합리적이지 않다, 그렇다고 비합리적인 것도 아니다, 초합리^{beyond rational}다. 초합리는 합리를 넘어서는 합리다. 진정한 기업가는 초합리의 티모스를 가진 사람을 말한다.

기업가의 티모스인
파토스, 로고스, 에토스

앙트러프러너십의 어원적 의미

기업가의 티모스에 대한 본격 논의를 하기에 앞서 기업가 정신으로 번역되는 앙트러프러너십의 어원을 살펴보고 기존 학자들이 이를 어떻게 보고 있는지도 알아보고자 한다.

앙트러프러너십이 무엇인지를 물으면 대개의 경우 에릭 슈미트의 구글 투자, 스티브 잡스의 픽사 투자, 손정의의 알리바바 투자 등을 연상한다. 이는 벤처 또는 벤처 투자로 대박을 터뜨린 것을 앙트러프러너십으로 생각하고 있음을 뜻한다. 또한 인스타그램, 페이스북 등을 연상하여 스타트업을 앙트러프러너십으로 보는 사람들도 있다.

과연 벤처나 스타트업이 앙트러프러너십일까? 제대로 알기 위해 어원부터 따져보기로 하자. entrepreneurship(앙트러프러너십)은 entrepreneur(앙트러프러너)+ship(십)으로 그 출발은 entrepreneur(앙트러프러너)이다. entrepreneur는 entre(앙트러)와 prendre(프랑드러)로 구분되는데 entre는 시간이나 공간의 '사이, 중, 간' 등의 의미이고 prendre는 '잡다, 붙들다, 쥐다'의 의미이다. 따라서 둘을 합친 entreprendre(앙트러프랑드러)는 '꾀하다, 시도하다, 설득하다, 책임지다'의 의미를 가지며, 여기서 나온 enterprise(엔터프라이즈)는 '시도, 기도, 기업, 사업'의 의미를 갖는다.

한편 접미사인 ship은 '자격, 정신적 특성'이라는 의미를 지니고 있다. 예를 들어 citizenship(시민권), membership(회원권), internship(인턴 근무) 등에서는 자격이라는 의미이고 leadership(지도력), friendship(우정), fellowship(동료애) 등에서는 정신적 특성이라는 의미이다. ship이 접미사로 이런 의미를 갖기 때문에 이 말이 들어간 개념은 다양한 유형으로 나뉜다. 예를 들어 리더십은 관계적 리더십, 거래적 리더십, 민주적 리더십, 독재적 리더십, 자유방임형 리더십 등으로 나뉜다.

어원으로 앙트러프러너십을 분석해보았다. 이를 경영 용

어로 바꾸면 이렇다. 앙트러^{entre}는 기회 발굴이고 프랑드러
^{prendre}는 이를 혁신으로 옮기는 과정이며 십^{ship}은 정신적 특
성이라는 의미 그대로 사용해도 무방하다. 따라서 앙트러프
러너십의 어원적 의미는 "기회를 발굴하고 이를 혁신으로
옮기는 과정에서 보이는 정신적 특성"이다.

앙트러프러너십에 대한 기존 논의

세이의 앙트러프러너십

앙트러프러너십을 본격적으로 논의한 학자는 세 사람
이 대표적이다. 공급은 수요를 스스로 창출한다는 이른
바 세이의 법칙으로 유명한 프랑스의 경제학자 세이$^{Jean\ B.}$
^{Say}(1767~1832)가 첫 번째이다. 그는 "기업가^{entrepreneur}는 경제
적 자원을 생산성과 수익성이 낮은 곳으로부터 더 높은 곳
으로 이동시킨다"고 하여 앙트러프러너십이 아니라 기업가
를 정의하고 있다.[1] 경제적 자원, 생산성, 수익성 등에 초점
을 맞춘 점이 큰 의미를 갖는데, 오늘날 경영학의 핵심을 이
루는 여러 경영 사상이 여기서부터 출발한다. 세이의 앙트러
프러너십과 관련된 몇 가지 경영 사상을 간단히 살펴보기로
한다.

첫 번째가 테일러리즘이다. 기계공장과 제강소의 기사로 근무하던 테일러Frederick Winslow Taylor(1856~1915)는 노동쟁의와 경영난을 목격하고 과학을 바탕으로 한 작업 관리의 필요성을 느꼈다. 그래서 전체 생산 공정을 최소 단위로 나누고 각 단위별 노동시간과 동작 연구에 의해 표준을 만들고 그에 따라 능률급을 지급하는 이른바 과학적 관리법을 고안한다. 이는 경영 합리화와 생산성 향상에 획기적인 기여를 했으며 오늘날에도 여전히 쓰이고 있다.

미국에 테일러가 있다면 동시대의 프랑스에는 파욜Henri Fayol(1841~1925)이 있다. 테일러는 노동이 생산성 향상의 대상임을 말하지만 기사로서 광산의 최고경영자까지 오른 파욜은 관리도 생산성 향상의 대상임에 주목하여 14가지 관리 원칙을 제시한다. 여기서 관리 원칙을 자세히 소개하지는 않겠지만 오늘날 우리가 알고 있는 조직 관리의 기본은 파욜이 모두 만들었다고 해도 지나치지 않다.

다음으로는 메이오George Elton Mayo(1880~1949)의 사람 중심 경영 사상이다. 메이오는 호주의 학자로 미국에 방문교수로 와서 방직 공장의 특정 공정에서 유난히 이직률이 높은 것에 주목한다. 그는 그 이유를 밝히는 연구를 통해 테일러가 제시한 과학적 관리법에 문제가 있다고 보고 인간 중심적 가설을 설정하여 이를 웨스턴일렉트릭의 호손 공장에서 실험한다. 1927년부터 1932년까지 무려 5년에 걸친 연구를 통해 인간의 감정, 태도 등 심리적 조건과 사람과 사람의 관계 등 인적 환경이 노동생산성을 좌우한다는 연구 결과를 발표하여 사람 중심 경영 사상의 기틀을 마련한다.

세 번째가 이러한 생산성 향상 연구를 집약하여 실제 사업에 적용한 포드Henry Ford(1863~1947)이다. 1903년에 포드모터 사를 설립하고 1908년에 그 유명한 포드 T형을 판매하기 시작한 그는 당시에는 매우 고가였던 자동차를 싼 값에 판매하여 대중의 발로 만드는 데 성공한다. 그의 이러한 앙트러프러너십을 포디즘이라고 하는데 산업혁명이 가져온 노동 착취와는 전혀 다른 새로운 생산방식으로 그 내용은 세 가지로 요약된다.[2]

첫 번째 특징은 조립 라인이다. 정육업체에서 아이디어를 얻어 자동차 조립 라인에 컨베이어벨트를 도입한 것인데 그는 이 방식을 도입하면서 두 가지 원칙을 세웠다. '제1원칙: 가능하다면 작업 중에 한 걸음 이상 걷지 않도록 한다.' '제2원칙: 작업하면서 절대로 몸을 구부리지 않도록 한다.' 얼핏 보면 두 원칙이 노동자를 통제하는 것으로 해석할 수 있는데, 그게 아니라 노동자가 몸을 꼬고 구부릴 필요가 없도록 배려하여 설비나 부품을 배치한 것이다.

두 번째 특징은 고임금인데 생산량에 비례하여 임금도 상승하는 생산성 연동 임금체계다. 그리하면 노동자의 사기가 오르고 사기가 오르면 생산성은 더욱 향상되고 그 결과 제품의 가격을 낮출 수 있다. 가격이 내려가면 제품은 더 잘 팔리고 그만큼 임금이 올라간다.

세 번째 특징은 하루 8시간 노동과 여가의 인정이다. 포디즘은 노동자의 휴식을 인정했을 뿐만 아니라 권장했다. 컨베이어벨트를 이용한 작업은 규정에 맞게 정확한 동작을 해야 하기 때문에 노동자의 심신이 완벽한 상태여야 한다. 그래서 노동 시간을 제한하고 여가 시간을 중요하게 생각한 것이다.

슘페터의 앙트러프러너십

슘페터 J. A. Schumpeter (1883~1956)는 우리에게 '창조적 파괴 creative destruction'라는 개념을 선사한 학자로 잘 알려져 있는데 그가 말한 창조적 파괴가 정확히 무엇을 뜻하는지를 이해하는 사람은 별로 많지 않다. 우선 그를 이해하기 위해서는 케인스 John Maynard Keynes (1883~1946)와의 비교가 필요하다. 자본주의가 세계 대공황이란 전대미문의 도전에 직면하자 경제학자들은 다양한 대책을 내놓았는데 대표적인 두 학자가 케인스와 슘페터이다.[3]

케인스는 실물경제의 문제 해결을 위해 금융 정책을 사용해야 함을 최초로 주장한 경제학자로『화폐 및 이자에 관한 일반이론』이란 책으로 유명하다. 그는 이 책에서 실물과 금융이 통합돼야 한다고 제안하는데, 지금은 일반화된 이론이지만 대공황 전까지만 하더라도 실물경제는 시장에 맡겨야 한다는 애덤 스미스의 논리가 지배적이었음을 감안하면 그의 주장은 획기적인 것이다.

이런 케인스와 대비되는 경제학자가 바로 슘페터이다. 케인스가 수요와 공급의 균형을 강조한 데 반해 그는 오히려 불균형을 강조한 점이 다른데, 특히 그는 '동태적 불균형 dynamic disequilibrium'을 주장한다. 동태적 불균형이란 수요와 공급의 균형을 일정 시점이 아닌 현재와 미래의 연속선에서 접근하는 획기적인 개념이다. 또한 그는 불균형이 정부 정책이 아니라 기업에 의해 초래되어야 건강한 경제가 된다고 말한다. 이 동태적 불균형을 만들어내는 기업의 노력을 창조적 파괴라고 한다.

그가 말하는 창조적 파괴는 구체적으로 다음과 같은데 이는 오늘날 경영 전략의 초석이 되고 있다. 신제품 개발, 새로운 생산방법의 도입, 신시장 개척, 새로운 원료나 부품의 공급, 새로운 조직의 형성, 노동생산성 향상 등이 그것이다.

따지고 보면 현대의 기업들이 행하고 있는 앙트러프러너십이란 바로 이러한 창조적 파괴를 구현하는 것이다. 이 연장선에서 하버드 대학의 크리스텐슨Christensen 교수는 '와해적 혁신$^{destructive\ innovation}$'이란 용어를 사용하고 있는데 환경 변화에 맞추어 기존의 것을 버리고 새로운 것을 모색하는 것을 가리킨다.[4] 굳이 와해적 혁신이라고 하는 이유는 자기 자신이 자신의 타성을 바꾼다는 점을 강조하기 위해서이다. 그는 기존에 잘나가고 있는 회사에 던진 이 한마디로 세계 최고의 경영 구루가 되었는데 알고 보면 슘페터의 연장이라고 할 수 있다. 이렇게 경영학 발전에 큰 공헌을 한 슘페터는 의외로 케인스에 비해 유명하지 않다. 그 이유는 그가 경제학에서 경영학으로 넘어왔기 때문이다.

정리하면 슘페터가 앙트러프러너십의 핵심으로 이야기하는 것은 바로 혁신^{innovation}이다. 앞서 논한 세이는 자원 생산성과 자원 이동에 초점을 맞추는 데 비해 슘페터는 혁신을 앙트러프러너십의 핵심으로 보고 있어 차이를 보인다.

드러커의 앙트러프러너십

경영학의 아버지라고 불리는 드러커$^{Peter\ Drucker}$(1909~2005)는 슘페터와 같은 오스트리아 출신의 경제학자로 미국으로 건너와 경영학자가 되어 사실상 경영학의 초석을 놓은 인물로 사후에도 추앙받고 있다.[5] 그는 미국이 러시아 경제학자인 콘드라티예프$^{Nikolai\ Kondratiev}$(1892~1938)가 말한 장기 불황에 빠지지 않는 이유에 주목하면서 앙트러프러너십이란 개념을 창안했다. 콘드라티예프는 어떤 경제 시스템이든 50년 정도면 그 수명을 다하여 불황에 빠질 수밖에 없다면서 소련 또한 예외가 될 수 없음을 주장하여 스탈린 정권에서 사형을 당한 인물로 장기불황이론의 세계적 대가이다.

드러커는 미국이 자본주의 경제를 도입한 지 50년이 지나도 콘드라티예프의 불황에 빠지지 않고 지속적으로 성장하는 현상을 보면서 관리적 경제managerial economy와 기업가적 경제entrepreneurial economy라는 개념을 생각해낸다.

관리적 경제는 기존 제품과 서비스의 원가를 더 낮게, 품질은 더 높게 하는, 즉 기존 사업을 좀 더 잘하는 것을 통해 부가가치를 창출하는 것을 말한다. 반면 기업가적 경제는 기존에 존재하지 않은 새로운 형태의 제품이나 서비스를 개발함으로써 부가가치를 창출하는 것을 말한다. 결국 그는 혁신을 기업가적 경제의 핵심으로 보고 있다. 그 결과 오늘날 우리는 앙트러프러너십을 혁신으로 받아들이고 있는 것이다. 그가 말하는 혁신은 기술혁신이 아닌 경영, 사회제도, 제품 등 다면적인 의미를 갖는 제도적 혁신systemic innovation으로 다음과 같은 특징을 갖는다.

첫째, 실행practice을 강조한다. 앙트러프러너십은 일종의 과학도 아니고 특별한 기예art도 아니다. 그것은 실행이다.

둘째, 현재의 미래성futurity이다. 미래의 신호는 현재에서 찾을 수 있다.

셋째, 혁신은 그 자체가 목적이 아니다. 목적을 달성하기 위한 수단이다.

넷째, 위험한 길이 아니다. 혁신은 위험이 따르는 것이 아니라고 말한다.

다섯째, 학교, 병원, 정부 등 어디에서나 적용할 수 있는 개념이며 벤처에 국한된 것은 아니다. 예를 들어 일본의 메이지 유신은 국가 단위에 앙트러프러너십이 적용된 예이다.

여섯째, 혁신은 기술적 용어라기보다는 경제적 또는 사회적 용어이다.

기존 앙트러프러너십의 정리 및 반성

앙트러프러너십에 대한 세 사람의 견해를 정리하면서 흥미로운 사실을 알게 되었다. 세 사람 모두 대륙의 학자들이다. 세이는 프랑스인이고 슘페터와 드러커는 오스트리아에서 대학을 졸업하고 미국으로 건너간 사람들이라 사실상 유럽 학자로 보아도 크게 문제되지 않는다. 왜 유럽 학자들에 의해 앙트러프러너십에 대한 논의가 이루어졌을까?

미국은 영국과 함께 대륙과는 사상이 다르다. 기본적으로 앵글로색슨 계통의 나라는 홉스와 로크, 베이컨의 철학이 그 바탕에 있다. 인간의 이기심을 추구하는 '만인의 만인에 대한 투쟁'을 없애기 위해서는 강한 정부가 필요하고 철저한 사회계약을 맺어야 한다는 것이 홉스와 로크의 철학이다. 이들의 철학은 플라톤이 삼분한 인간 정신 중 욕망과 이성에만 집중하여 구축된 것임을 알 수 있다. 자연 상태에서 욕망을 추구하는 것이 만인의 만인에 대한 투쟁이고 이를 이성적으로 해결하는 것이 사회계약이다. 그 결과 미국에서는 롤스John Rawls의 사회계약적 정의론과 퍼스Charles Sanders Pierce의 프래그머티즘이 득세한다. 사회적 효용을 따져 더 큰 효용을 정의로 보는 것이 사회계약적 정의론이다. 또한 진리는 미리 정해져 있는 것이 아니라 실행을 통해 확인하고 만들어갈 수 있다고 보는 것이 프래그머티즘이다.

결론을 말하면 미국에서는 사상적으로 인간 정신의 '티모스'는 배제될 수밖에 없다는 것이다. 홉스와 로크, 베이컨의 경험주의 등에 의해 미국의 사상 체계가 잡혀 있기 때문이다. 따라서 앙트러프러너십은 극히 대륙적인 접근이다.

이에 반해 대륙은 관념주의idealism가 기본이다. 칸트, 헤겔, 니체 및 실존주의 철학자들은 그리스 철학을 이어받아 인간 정신은 사회적 효용의 계산이나 실행을 통해 확인하는 것이 아니라 이미 존재하는 것으로 본다. 따라서 인간 정신의 '티모스'가 무엇보다 중요하게 여겨질 수밖에 없어 대륙에서는 정의론보다 도덕론이 발달한다. 선이란 무엇이고 악이란 무엇인지가 철학적 쟁점이 되는 것이다. 한국은 대륙 계통의 인식론을 갖고 있음을 이기일원론, 이기이원론 등의 이기 논쟁을 근거로 추론할 수 있다. 따라서 앙트러프러너십은 미국보다 유럽이나 동양에서 더 폭넓게 논의될 수 있는 주제이다.

대륙의 전통을 이어받은 슘페터와 드러커이지만 미국적 현실은 어쩔 수 없었던 것으로 보인다. 이들은 앙트러프러너십이란 새로운 담론을 미국 사회에 제시하면서 줄기차게 '혁신'에 초점을 맞추어 미국의 공리에 호응하고 있다. 혁신은 무엇이고 여기에 어떻게 접근할 것인지에 대한 논의로 두 사람의 견해는 모아져 있다. 즉 정신이 아니라 공리 중심의 논의를 하는 것이다.

이것이 바로 앙트러프러너십에 대한 기존 논의의 한계다. 정작 정신, 즉 기업가의 '티모스'에 대한 논의가 빠져 있다.

기업가의 세 가지 티모스

이 책은 기업가의 티모스를 아리스토텔레스의 『수사학』에 나오는 설득 논리에 근거하여 파토스^{pathos}, 로고스^{logos}, 에토스^{ethos} 세 가지로 나눈다.[6] 기업가는 대중을 설득해 세상을 바꾸어야 하기 때문이다.

첫째, 파토스는 사람을 감동시키는 힘을 가진 정념으로 사랑, 행복, 아름다움, 자유, 용기 등을 말한다. 우리의 가슴을 뜨겁게 하고 눈시울을 적시게 하는 사람이나 사건은 대개의 경우 파토스와 관련이 된다. 자기 목숨을 걸고 다른 사람을 구하려 한 사람의 얘기를 들으면 누구나 진한 감동을 느낄 것이다. 프랑스대혁명의 슬로건인 자유, 평등, 박애가 파토스로서 프랑스대혁명은 파토스의 힘을 보여주는 좋은 증거이다. 고난 속에서 민족 해방을 위해 투쟁한 사람들은 예외 없이 파토스를 가진 사람들이다. 이 책에서는 파토스를 인간 정신의 감정적 측면으로 정의하고 용기에 한정하여 논의하며 나머지 파토스는 다른 책을 통해 소개할 것이다. 참고로 파토스는 앙트러십과 프랑드러십 둘 다와 관련되는 정념이다.

둘째, 로고스는 진리가 무엇인지 따져보는 것으로 철학, 자연과학, 사회과학에 속하는 학자들이 가장 중요하게 생각하는 논리이다. 내가 알고 있는 것이 과연 진리인지 내가 어떤 대상이나 사회, 타인에 대해 가지고 있는 이미지가 과연 맞는 것인지를 따져보는 것이 로고스다. 이 책에서는 기업가의 로고스를 '의문하기'로 본다. 의문해야 새로운 기회를 찾을 수 있기 때문에 기업가의 로고스는 앙트러프러너십의 앞부분인 앙트러십^{entreship}의 핵심이다.

셋째, 에토스는 사람과 사람 간의 관계적 요소를 말하는데 공동체의 관습, 도덕, 신화, 제도, 이데올로기, 사회사상 등이 이에 해당한다. 에토스를 다루는 학문은 윤리학이 대표적이며 문화인류학이나 기호학 등도 이에 속한다. 에토스는 기업가의 티모스로 매우 중요한데, 기업가가 가는 길은 혼자서가 아니라 조직이나 사회가 함께 가야 하는 길이기 때문이다. 따라서 기업가의 에토스는 기회를 혁신으로 옮기는 과정인 프랑드러십prendreship의 핵심이다. 이 책에서는 기업가의 에토스를 신화와 사회사상에 한정한다. 나머지 에토스는 다른 책을 통해 소개할 것이다.

파토스, 로고스, 에토스의 구분이 헷갈릴 것으로 본다. 2,500년 전의 분류인지라 어쩔 수 없다. 그래서 그리스 철학을 이어받은 칸트를 찾아간다. 칸트는 『순수이성비판』 『실천이성비판』 『판단력비판』이란 세 권의 책을 썼고 이것이 이후 철학의 기본서가 된다. 순수이성비판은 로고스를 따져 묻는 내용이고, 실천이성비판은 에토스를, 판단력비판은 파토스를 따져보는 내용이다. 따라서 헷갈리면 칸트의 분류를 생각하면 될 듯하다.

더 쉬운 예로 미인대회를 들 수 있다. 미스코리아는 진眞, 선善, 미美 세 명을 마지막에 뽑는데 진이 바로 로고스이고 선이 에토스이고 미가 파토스에 해당한다. 사족에 해당하는 추측을 해본다. 왜 올림픽에서는 메달을 금, 은, 동 3개만 줄까? 올림픽이란 이벤트는 그리스 시대 인간의 티모스를 기념하는 행사였기에 로고스, 파토스, 에토스 3개의 메달을 수여한 것으로 짐작된다.

이쯤에서 이 책에서 말하려 하는 앙트러프러너십을 정의해보자. 앞에서 기업가는 플라톤이 말하는 티모스가 살아 있는 창의적 혁신자로 정의했다. 따라서 앙트러프러너십은 이렇게 정의된다. "앙트러프러너십은 티모스가 살아 있는 창의적 혁신자인 기업가가 갖는 파토스, 로고스, 에토스적 특성이다."

파토스인 용기

파토스로서 용기

파토스는 우리를 진정으로 감동시키는 힘을 갖는다. 영화를 보거나 소설을 읽으면서 우리는 어떤 경우에 가슴이 뭉클해지는지 생각해보자. 출세하거나 돈을 많이 번 사람들의 성공 스토리보다는 그들이 어려운 순간을 헤쳐 나오는 용기와 인내가 눈시울을 적실 것이다. 이처럼 파토스는 권력, 명예, 돈과 같은 성공이 아니다. 어려움을 헤쳐 나가는 과정에서 보이는 사랑, 행복, 아름다움, 자유, 용기 등의 정념인 것이다.

위대한 아티스트의 생이 순탄치 않듯이 기업가의 삶 또한 경제적 성공으로 보상받지 못할 수도 있다. 설혹 실패하더라도 도전하고 좌절하더라도 또 일어서는 그것이 진정한 감동을 준다. 그래서 기업가의 파토스를 용기로 한정하여 논한다.

용기란 무엇인가? 악과 맞서 싸우는 장렬함인가? 나쁜 것을 나쁘다고 말하는 비판인가? 위험 무릅쓰기인가? 무서운 것을 무섭지 않다고 말하기인가? 운명에 도전하기인가, 아니면 순응하기인가?

용기라 하면 우리는 『삼국지』에 나오는 장비를 연상할 수 있는데, 이처럼 옛날 장수들에서 연상하는 용기를 '용맹boldness'이라고 한다. 키는 8척이요 힘은 장사인 장비가 유비와 관우를 형님으로 모시면서 보여주는 용맹은 무조건적 혈기를 말한다. 하지만 관우는 다르다. 관우는 무예가 뛰어나지만 그가 보여주는 용기는 지혜가 강조되는데 이런 정신적 용기를 '용감braveness'이라고 한다. 무조건적 혈기와 지혜로운 용기를 넘어서는 것이 우리가 말하려 하는 '용기courage'이다. 지금부터 용기가 무엇인지 찾아 나서보기로 하자.

그리스인이 말하는 용기

콜로노스 언덕에서

그리스인들이 페르시아를 맞아 싸운 제1, 2차 페르시아 전쟁에서 자유인으로서의 용기가 무엇인지 엿볼 수 있다.[1]

기원전 480년 여름, 에우보이아 섬이 보이는 테르모필레의 해발 15미터인 낮은 언덕 콜로노스에서 벌어진 페르시아와 스파르타 간의 전쟁이 제1차 페르시아 전쟁이다. 크세르크세스 대왕이 직접 지휘하는 페르시아 대군은 북쪽 평원에 진을 치고 있었고 언덕 위에는 스파르타의 레오니다스 왕과 그의 결사대 300명을 중심으로 연합군 3,930명이 결사 항전을 다짐하고 있었다.

크세르크세스 왕은 대군의 위용으로 그리스군을 도망치게 할 생각으로 나흘 동안 매일 군대 시위를 하도록 했으나 스파르타의 결사대가 꿈쩍도 하지 않자, 닷새째 되는 날 총공격 명령을 내렸다. 하지만 통로가 좁아 수적 우세를 이용할 수 없었을 뿐 아니라 스파르타인들의 개인 전투력이 워낙 출중하여 피해만 보고 물러나야 했다. 그 다음 날은 페르시아 최고 정예부대이자 대왕의 근위병인 아타나토이(죽지 않는 자들)를 내보냈으나 결과는 마찬가지였다.

일진일퇴하면서 시간을 끌고 있던 중에 에피알테스란 그

리스인이 산중에 양치기들이 다니는 오솔길이 있다는 정보를 가지고 오자 대왕은 아타나토이를 그 길로 보내 그리스군을 포위하게 했다. 이것을 안 스파르타의 레오니다스 왕은 스파르타의 결사대를 제외한 다른 폴리스 병사들에게 훗날을 기약하고 모두 후퇴하라고 명한다. 그러자 대부분의 폴리스 군은 떠났으나 조국이 콜로노스 언덕 인근이라 방어선이 뚫리면 살아남기 어려운 테스피아이의 700명 전사들과 스파르타 결사대 300명, 총 1,000명이 페르시아 대군과 싸워 모두 장렬하게 전사하여 지금도 영화의 소재가 되고 있다.

전쟁 후 아테네의 유명한 서정시인 시모니데스는 콜로노스 언덕을 찾아와 이런 시를 남겼다.

지나가는 나그네여, 라케다이모니아인[스파르타인]들에게 전하라. 그들의 명령에 따라 우리가 여기에 누워 있다고.

1세기에 이곳에 온 유명한 철학자 아폴로니오스는 이렇게 말하고 있다.

이 세상에서 가장 높은 산은 바로 이곳 콜로노스 언덕이다. 왜냐하면 자기를 희생한 고매한 자들이 법에 복종하여 하늘의 별에까지 닿은 기념비를 이곳에 세웠으니까.

무엇을 위해 싸우는가를 아는 군대를 이길 군대는 없다. 자유를 위해 싸운 자들, 그들은 자유가 피가 낭자한 곳에서 피어난다는 것을 잘 알고 있었다. 자유인으로 살겠다는 강한 의지가 진정한 자유를 보장한다는 사실을.

참고로 같은 해에 벌어진 살리미스 해전에서 탁월한 장군인 테미스토클레스의 활약에 힘입어 그리스 해군은 페르시아 함대를 궤멸시켰고 그 다음 해인 기원전 479년 스파르타의 왕 파우사니아스가 이끄는 그리스 연합군은 우리가 마라톤 평원으로 알고 있는 플라타이아 평원에서 벌어진 전투에서 페르시아 장군 마르도니오스의 10만 대군을 고전 끝에 물리쳐 제1, 2차 페르시아 전쟁은 끝이 난다.

트로이 전쟁의 헥토로와 프리아모스

호메로스의 서사시 『일리아스』에는 그리스와 트로이의 10년 전쟁 중 49일이 그려져 있다(트로이아는 그리스어 표기이고 트로이는 영어 표기로 문맥에 맞게 혼용해서 사용한다). 이 서사시의 주요 인물은 트로이아의 왕 프리아모스, 트로이아의 왕자 헥토로, 그리스 장군 아킬레우스이다.[2]

호메로스는 세상에서 가장 강하면서 정의와 우정을 중시하는 인물로 아킬레우스를 그리고 있다. 그리스 왕 아가멤논의 부당한 처사에 반발하는 모습으로 정의를 말하고 있으며,

절친한 친구인 파트로클로스를 죽인 헥토르에게 원수를 갚는 것으로 우정을 말하고 있다. 어찌 보면 우리가 쉽게 떠올릴 수 있는 용맹스러운 모습이다.

이 정도의 인물 묘사로 끝났다면『일리아스』는 인류에게 감동을 주지 못했을 것이다. 비록 적국인 트로이의 장수와 왕이지만 헥토르와 프라이모스를 통해 호메로스는 인간의 자존감을 이야기한다. 헥토르를 통해 용기를, 프라이모스를 통해 사랑을 인간의 자존감으로 제시한다. 호메로스는 두 사람을 이렇게 그리고 있다. 트로이 병사들이 아킬레우스에게 쫓겨 모두 성안으로 피하자 헥토르는 혼자 남아 아킬레우스와의 일전을 각오하고 성 밖에서 기다리고 있었다. 연로한 그의 아버지는 성벽 위에서 아들을 불러, 아킬레우스와의 일대 일 싸움만은 피하고 어서 성안으로 들어오라고 한다. 어머니 헤카베도 가슴을 내보이면서 만류했으나 보람이 없었다. 헥토르는 이렇게 중얼거린다.

오늘 회전에 출전하여 목숨을 잃은 부하들은 모두 내 명령으로 그리 되었다. 어찌 나 하나 적과의 교전을 피해 일신의 안전을 도모할 수 있을까. 내가 저자에게 헬레네[그리스의 왕비로 세상에서 가장 아름다운 여인으로 그려지며 세상에서 가장 잘생긴 트로이 왕자 파리스가 그녀를 유혹하여 데려가는 바람에 트로이 전쟁이 발발한다]와 그 재보[재화와 보물] 전부를 내주되 내 재보까지 덧붙여 주겠다고 하면 어떨까? 안 돼, 그럴 수는 없다. 이미 때가 늦었다. 저자는 내 말이 채 끝나기도 전에 나를 죽이고 말 것이다.

아킬레우스의 칼에 맞아 죽기 직전 헥토르가 한 말과 아킬레우스의 대답도 들어보자.

헥토르: 아킬레우스, 부탁이니, 내 시체만은 내 조국 트로이아에 돌려주기 바란다. 몸값은 내 양친에게 물리더라도 내 시체만은 돌려주어 트로이아군이 장사지낼 수 있게 해다오.

아킬레우스: 개가 따로 없구나. 몸값이니 자비니, 그런 말은 하지도 말라. 나에게 그토록 견디기 어려운 슬픔을 안긴 네가 아니냐! 안 된다. 네가 뭐라고 하건 나는 네 시체를 개밥으로 만들고 말겠다. 네 몸값의 스무 배, 아닌 네 몸무게만큼의 금을 가져온대도 안 된다.

아킬레우스가 헥토르의 시체를 말에 매달고 트로이아 성 앞을 왔다 갔다 하는 모습을 본 프리아모스 왕과 헤카베 왕비는 너무나 기가 막혀 말문을 열지 못했다. 신하들은 성문을 뛰쳐나가려는 왕을 한사코 붙잡았다. 왕은 진흙 밭을 뒹굴고, 신하들 이름을 하나하나 부르며 제발 놓아달라고, 나가게 해달라고 소리치다 모두 잠든 틈을 타 단신으로 마차를 몰고 그리스 군영으로 나아가 아킬레우스 앞에 무릎을 꿇고 이렇게 읍소한다.

아킬레우스 장군, 댁에 계시는 아버님의 경우를 좀 생각해주시오. 나처럼 늙어 오늘 돌아가실지 내일 돌아가실지 모르는 당신의 어르신네를. 그분께서 이웃 나라의 압제를 받고 있는데도 자신을 위난에서 구할 자식이 옆에 하나도 없는 경우를 생각해보시오. 하나 아킬레우스 장군이 살아 있다는 걸 아시면 어르신네께서는 그 소식만으로도 기쁘게 여기시고 다시 사랑하는 아드님을 보실 날을 기다리며 어려움을 견뎌내실 거요.

그러나 나에게는 이제 아무 낙도 없소. 씩씩한 내 자식들은 얼마 전까지만 해도 일리온[트로이아]의 꽃이라고 불리더니 이제 모두 죽고 없소. 그래도 단 하나, 어느 자식보다 이 늙은이의 힘이 되어주고 나라를 위해 싸워주더니 그 녀석마저 당신의 손에 죽임을 당했소. 내 그 자식 놈의 주검을 구걸하려고 많은 몸값을 싣고 이렇게 왔소.

아킬레우스 장군, 신들을 공경하겠지요? 댁의 어르신네를 생각해봐주시오. 어르신네를 생각하시는 셈 치고 이 늙은이의 사정을 봐주시오.

프로메테우스 신화가 말하는 용기

티탄족 프로메테우스는 미래를 보는 자라는 의미이다. 신이 인간에게 나비를 통해 프시케psyche인 마음, 영혼, 서서 걷기 등을 주었다. 그런 연후에 프로메테우스를 시켜 인간이 더 필요한 것을 찾아서 주라고 명했다.[3]

하지만 바쁜 프로메테우스는 그의 동생 에피메테우스(과거를 보는 자)를 시켜 신의 명령을 수행하도록 했지만 동생은 날 수 있는 긴 날개는 독수리에게, 안전한 등껍질은 거북에게, 빠른 다리와 강한 이빨은 사자에게 줘버린다. 프로메테우스는 인간에게 줄 것이 없음을 뒤늦게 알고서 신이 절대로 인간에게 주어서는 안 된다는 불을 훔쳐다 준다. 그 벌로 코카서스 산꼭대기 바위에 묶여 낮에는 독수리에게 간을 파먹히고 밤에는 다시 간이 자라는 벌을 받는다. 잘못을 인정하면 벌을 면하게 해주겠다는 제우스의 말을 거역하고 헤라클래스가 구하러 올 때까지 끝까지 고통을 감수한다.

이 신화에서는 인류 전체를 위한 선행을 하고 나서도 그 대가를 바라지 않고 자신이 옳다고 생각하여 행한 일에 책임을 지는 것을 용기로 그리고 있다.

시시포스 신화가 말하는 용기

시시포스 신화는 어쩔 수 없이 인내를 생각하게 한다. 인내라고 하면 '인내는 쓰지만 그 열매는 달다' '와신상담' 등을 연상할 것이다. 그렇다면 목적을 위해 고통을 감내하는 것이 인내인가? 참고 견뎌 결과가 나쁘면 인내가 아닌가? 삶의 의미로서의 인내란 무엇일까?

시시포스 신화가 대표적으로 인내를 말하고 있다. 바람의 신 아이클로스의 아들인 시시포스는 신들의 범행을 밝힌 죄로 제우스에게 벌을 받는다. 바위를 굴려 산꼭대기에 올리면 계곡으로 떨어지고 그러면 다시 이것을 굴려 올리는 형벌이다. 하늘 없는 공간, 깊이 없는 시간과의 싸움이다. 하지만 시시포스는 바위를 산꼭대기까지 굴려 올리는 것을 피하지 않는다. 무한히 반복되는 고통에 정면으로 당당히 맞선다.

우리의 일상도 어찌 보면 시시포스의 고통과 같다. 그냥 받아들이면서 일상을 반복하는 것 자체가 용기임을 시시포스 신화는 말해준다.

문학에서 말하는 용기

비극이 말하는 용기

문학은 수사 방식에 따라 세 가지로 나눌 수 있다. 모든 것을 잃는 비관주의나 허무주의 장르, 극적 과정을 통해 사랑과 욕망 등 모든 것을 얻는 희극적 장르가 있다. 한편 사랑과 명예, 육체적 만족 대 정신적 자아실현 같은 모순된 관계에서 파멸해가는 인간을 그리는 비극^{tragedy}이 있다. 이를 비극적 모순이라고 한다.

비극은 비극적 모순을 그려 패배나 슬픔을 통해 인간의 마음을 넓히는 역할을 한다.[6] 패배로 끝나지만 마음을 막고 있는 칸막이를 없애는 정화^{catharsis} 효과는 희극보다 크다. 따라서 비극은 마음을 넓히는 것을 용기라고 말한다.

비극은 그리스 비극, 르네상스시대의 셰익스피어 비극, 현대 비극이 있는데 이것들이 그려내는 내용은 조금씩 다르다.

그리스 비극은 운명 또는 신의 저주에 의한 패배를 이야기한다. 작가로는 아이스킬로스, 소포클레스, 에우리피데스 등이 있으며 『오이디푸스』『안티고네』 등이 대표 작품이다. 『오이디푸스』는 운명의 저주로 친부를 살해하고 어머니와 혼인하지만 그 사실을 알고서 스스로 눈을 파서 맹인이 되고 걸인으로 세상을 떠돈다는 얘기다. 여기서 말하는 용기는 그것이 설혹 운명일지라도 책임을 지는 인간 의지를 강조한다.

다음은 영국 르네상스 시기를 대표하는 셰익스피어^{William} ^{Shakespeare}(1564~1616) 비극이다. 『햄릿』『오셀로』『리어왕』『맥베스』라는 4대 비극을 통해 셰익스피어가 말하려 한 것은 운명에 대한 도전이 아니고 인간 감정의 비극적 모순이다. 그는 경험주의 대가인 베이컨(1561~1626)과 동시대 사람으로 '운문은 셰익스피어, 산문은 베이컨'이라고 칭송받는다. 『햄릿』에서는 죽느냐 사느냐라는 문제를, 『오셀로』에서는 사랑과 질투를 통해 패배하는 인간의 모습을 보여준다.

현대 비극 작가로 대표적인 사람은 헤밍웨이Ernest hemingway(1899~1961)이다. 그는 『노인과 바다』에서 산티아고 노인을 통해 용기를 이야기한다. 그가 소설에 남긴 주요 대목을 인용한다.[7]

"인간은 패배하도록 창조된 게 아니야."

"인간은 파멸당할 수 있을지는 몰라도 패배할 수는 없어."

"나는 저 물고기에게 인간이 무엇을 할 수 있고 인간이 어디까지 견딜 수 있는지 보여주겠어."

"난 자신을 가져야 해. 그리고 위대한 디마지오 선수처럼, 팔꿈치 뼈를 다쳐 몹시 고통스러운데도 모든 플레이를 완벽하게 해낸 그 훌륭한 선수처럼, 나도 훌륭하게 행동해야 해."

이런 표현을 통해 헤밍웨이가 말하는 용기는 이렇다. '명예로운 목적에 도전할 것, 패배할 수밖에 없는 역경 속에서조차 피하거나 비명을 지르지 않고 고통을 묵묵히 참을 것,

훌륭한 기량으로 정정당당하게 싸울 것, 승패와 관계없이 명예심을 가질 것.' 요약하면 숭고함을 용기라고 일컫는 것이다. 헤밍웨이는 숭고함을 향해 노력할 것을 이야기한다.

괴테가 『파우스트』에서 말하는 용기

독일 낭만주의의 백미인 괴테의 『파우스트』에도 용기가 그려져 있다. 『젊은 베르테르의 슬픔』 『빌헬름 마이스터의 수업시대』 등으로 명성을 얻은 괴테는 『파우스트』라는 걸작을 1, 2부로 나누어 쓰기에 이른다. 제1부는 1808년에, 제2부는 82세가 된 1831년에 출간하는데 『파우스트』는 당시의 모든 지식을 사실상 망라하고 있다. 『파우스트』는 16세기를 살았던 주술사, 점성술사, 예언자인 파우스트 박사의 이야기로 우리의 『춘향전』처럼 여러 판본이 존재하는데 괴테는 파우스트를 지식인으로 그린다.

제1부에서는 악마인 메피스토펠레스를 통해 악, 욕망, 쾌락 등을 추구하고 그레트헨을 통해 철저한 자기부정과 체념을 그려낸다. 제2부에서 괴테는 진정한 용기를 말하는데 그것은 낭만주의적 자기실현을 통해 구원에 이르는 길이다.[8]

유령이 나오든 말든 자기의 길을 가라. 앞으로 나아가는 동안 괴로움도 행복도 만날 테지.

요약하면 괴테가 그려내려 한 용기는 다음과 같다. '모든 것을 알고 싶다. 인간은 노력하는 한 방황한다. 세계를 무한히 넓혀간다.' 이 세 가지 용기를 괴테는 『서동시집』에서 이렇게 노래한다.

　　나를 울게 두어라. / 끝없는 사막에서 / 그들에게 에워싸여 / 두려움에 도전하는 자가 역사를 바꿀 것이다.

박경리와 루이스 캐럴이 말하는 용기

대한민국 현대문학을 대표하는 작가인 박경리(1926~2008)는 1969년부터 1994년 8월까지 완간한 5부 16권으로 된 『토지』에서 주인공 최서희를 통해 한국 사회의 봉건성에 정면으로 도전한다. 최서희라는 딸을 통해 아들 중심 사상에 도전하며, 집안 일꾼인 김길상과의 혼인을 통해 양반·상놈이란 계급의식에 도전하며, 양가집 규수가 장사를 하여 돈을 모아 고향으로 돌아온다는 스토리를 통해 사농공상의 직업의식에 도전한다.

한편 동화 작가인 루이스 캐럴Lewis Carroll(1832~1898)은 『이상한 나라의 엘리스』에서 분명한 목적이 용기임을 말한다.[9]

　　엘리스가 물었다.

"내가 여기서 어디로 가야 하는지 말해줄래?"

체셔 고양이가 대답했다.

"네가 어디로 가고 싶은지에 달려 있지……."

"어디든 상관없는데……."

"그렇다면 어느 쪽으로 가든 무슨 문제가 되겠어."

앨리스가 덧붙였다

"내가 어딘가에 도착할 수 있다면야……."

"아, 넌 틀림없이 어딘가에 도착하게 돼 있어, 걸을 만치 걸으면 말이지."

신념이 말하는 용기

나라를 잃자 전 재산을 처분하여 만주로 이주하여 독립운동 자금을 지원한 우당 이회영(1867~1932)이나 일제강점기에 전 재산을 투입하여 국보급 문화재를 구입해 일본 반출을 막은 간송 전형필(1906~1962), 미국인으로 한국에 귀화하여 전 재산을 들여 천리포수목원을 만든 민병갈^{Carl Ferris Miller}(1921~2002) 등 나라가 어려울 때 자기 보신하는 종말인이 아니라 재산을 몽땅 내놓으며 운명적 고난에 반항한 티모스가 살아 있는 사람들은 많다. 이런 이들을 다 소개할 수는 없기에 여기서는 재산이 아니라 우리 역사의 격동기를 종교적 신념으로 살다간 손양원 목사(1902~1950)를 소개한다.

손 목사는 경남 함안에서 태어나 평양신학교를 졸업하고 여수 애양원에서 한센병 환자를 보살피며 목회 활동은 한다. 목사는 설교 때마다 신사참배를 거부하며 일본은 망한다고 말하다 1940년 옥에 갇히는데 덴코(전향)하면 풀어주겠다는 검사에게 "당신은 덴코가 문제지만 내겐 신코[신앙]가 문제다"라면서 신념을 굽히지 않았다. 좌우 갈등이 한창이던 1948년 두 아들을 좌익에 잃고 원수를 아들로 삼겠다고 기도한 후 두 형제를 죽인 좌익 학생이 체포돼 총살되기 직전 구해 목사로 키운다. 그러다가 한국전쟁이 터지자 피난선을 타지 않고 환자들을 돌보다 북한군에게 총살당한다. 많은 신앙인이 자기 영혼의 발원지로 손양원 목사를 지목하는 이유다. 종교적 신념을 충실히 따르며 살다간 사람이다.

로고스인 의문하기

왜 의문하기인가?

예를 들어보자. 캐나다의 '태양의 서커스'는 전통적인 서커스 개념을 버리고 새로운 개념인 아트서커스로 바꾸어 사라져가던 서커스를 부활시켰다. 서커스라면 으레 동물쇼와 고난도 묘기를 연상한다. 하지만 관람객이 동물쇼와 고난도 묘기를 외면하여 서커스가 쇠퇴의 길로 접어들자 이 두 가지를 없애고 아트를 추가한 서커스로 바꾼 것이다.[1]

1년에 4번 정도 기획하여 만들어 팔고 팔리지 않으면 세일로 위험에 대처하는 것이 관행이던 기존 패션업계에 도전한 것이 자라, 유니클로 등의 패스트패션이다. 이들은 시즌을 더 세분화하고 신속하게 만들어 재고를 남기지 않으며 유행보다는 소재나 스타일에 더 신경을 써서 의류산업의 새로운 장을 열었고 그로 인해 창업자들은 그 나라의 1위 부자가 되었다. 유사한 사례가 저가항공이다. 버진 항공, 사우스웨스트 항공 등에서 출발한 저가항공은 이젠 한국에서도 새로운 범주로 자리를 잡아 기존의 항공사를 위협하고 있다.

이들은 기존의 사업 방식을 의문하여 새로운 비즈니스모델로 설계한 모범 사례를 보여준다. 그렇다면 왜 의문해야 하는지 생각해보자.

먼저 경로의존성 path dependence의 위험 때문이다.[2] 우리는 경제경영 시스템을 선진국에서 그대로 도입하여 고도성장기를 구가하는 재미를 보았다. 재미란 경제가 급속히 확장된 것을 말하는데, 그런 연유로 고도성장기에 하던 방식으로 기업 경영을 하면 성공할 것으로 생각하는 스키마(지식 체계)가 어느 사이에 생긴 것이다. 이처럼 과거 오던 길을 미래로 가는 길로 생각하는 것이 경로의존성이다. 오던 길로 쭉 가다 보면 대개는 끝에 다다르게 되는데 그 끝이 낭떠러지인 것이 문제다.

코닥이 세계 최초로 디지털카메라를 개발해놓고도 디카에 밀려 망한 이유가 바로 필름에 대한 강한 경로의존성 때문이라고 한다.

다음으로 급변하는 환경 때문이다. 21세기에 들어 어떤 환경 변화가 있는지는 길게 논의하지 않아도 될 것이다. 몇 가지만 지적한다. 자본주의 자체가 새로운 국면을 맞은 것이 가장 큰 환경 변화이다. 흔히들 자본주의 1.0, 2.0, 3.0, 4.0이란 표현을 쓴다.[3] 자본주의 4.0의 핵심은 C to C이다. 소비자와 소비자가 연결되는 시대라 과거 200년 넘게 지속되어 온 자본주의의 틀을 급격히 바꾸고 있어 맨틀이 이동하는 지각변동을 일으키고 있는 것이 현실이다.

한국 경제 또한 이런 변화에 맞물려 특유의 경쟁 우위가 약화되면서 경제성장률은 연 8퍼센트대에서 2~3퍼센트대로 떨어졌다. 여기에 출생률 저하, 노인 인구의 급속한 증대, 주력 산업의 매출 감소라는 퍼펙트 스톰에 휩싸인 것이 한국 경제임을 많은 학자들이 이구동성으로 말한다.

경제적 환경 변화에 덧붙여 더 좋지 않은 것은 우리를 따라 다니는 권위주의적 문화다. 이른바 '갑질'은 늘 도마 위에 오르고, '노쇼No-show'는 다반사이며 물신주의와 가족주의가 횡행하는 것이 권위주의 소비문화라고 할 수 있다. 더구나 폭스바겐 사태 이후에도 세계에서 유일하게 폭스바겐 매출이 증가하는 나라가 한국이다. 극단적 이기주의 소비문화를 엿볼 수 있다.

세 번째로 경로의존성과 환경 변화의 중첩으로 초래된 위험이다. 하버드 대학의 레빗 교수는 이를 '마케팅 근시안 marketing myopia'이라고 한다.[4] 소비자는 값싸고 편리한 쥐약으로 쥐를 잡으려 하는데 기존에 쥐덫을 만들던 기업은 쥐약 만들 생각은 하지 않고 더 나은 쥐덫을 만들기에 열중하다 망한다고 한다. 즉 소비자의 선호가 바뀌는 것을 간과하고 자사 제품에 집착하는 것을 말한다. 근시안에 빠진 경우 투자하면 할수록 그만큼 위험은 더 커질 수 있다.

의문하기

유대인들은 아이가 학교에서 돌아오면 오늘 어떤 질문을 했는지 물어본다고 하는데 우리는 무엇을 배웠는지를 물어본다. 우리 교육은 기존 지식을 습득하는 데 맞춰져 있음을 짐작할 수 있다.

1990년대에 가장 인기를 끈 책의 주제가 성공하는 기업이나 개인의 특성을 분석한 것으로 『일곱 가지 습관』『초우량기업을 찾아서』 등이다. 문제는 초우량기업이라고 책에서 말한 기업들이 20년이 지난 오늘날 절반이 사라졌다는 것이다. 그렇게도 칭송받았으면 적어도 한 세대인 30년은 버텨야 할 텐데 20년도 채 못 버티니 무엇을 경영 지식으로 믿고 따라야 할지 막막하다.

고도성장기를 주도했던 호암 이병철(1910~1987), 아산 정주영(1915~2001)의 앙트러프러너십을 우리는 생각할 수 있다. 호암의 앙트러프러너십은 '지지 않는 경영'으로 아산은 '이기는 경영'으로 알려져 있다. 과연 이들이 문어발식으로 재벌을 형성하여 기업을 확장한 방식이 지금도 통할까? 정수기로 유명한 어떤 회사는 정수기를 렌탈하는 새로운 콘셉트로 성공을 거두자 고도성장기에 재벌들이 건설을 기반으로 성장한 것을 모방하여 건설회사를 인수했다가 결국 회사를 매각하는 비운을 맞았다.

기존에 해왔던 방식, 알고 있던 지식 체계가 진리가 아닐 수 있다는 말이다. 기업가는 창의적 혁신자이기 때문에 반드시 기존의 생각, 이론, 행동이 진리인지를 따져 물어야 한다. 진리를 찾아가는 이성이 로고스이다. 따라서 앙트러프러너십의 로고스는 한마디로 '의문하기^{thinking of thinking, meta-thinking}'이다. 의문하지 않으면 새로운 것을 찾을 수가 없다.

여기서는 두 가지 의문하기를 논하려 한다. 첫 번째가 알려져 있는 지식에 대해 의문하기인 과학적 인식론이고, 두 번째가 기존의 이미지와 개념에 대해 의문하기인 상상력이다.

과학적 인식론

과학적 인식론을 다루는 것이 철학이다. 철학이 바로 의문하기라고 할 정도로 인식론은 철학에서 중요하고 방대하다. 인식론은 존재론적 인식론과 과학적 인식론으로 나눌 수 있는데 여기서는 과학적 인식론, 즉 연구방법론만을 다루기로 한다. 과학적 인식론 또한 방대하여 자세히 다룰 수는 없고 그 출발인 그리스 시대를 대표하는 소크라테스, 르네상스 이후 과학적 인식론을 대표하는 베이컨, 현대 학문의 방법론적 초석이 되고 있는 칼 포퍼의 반증주의와 토머스 쿤의 패러다임 시프트 등을 간단히 살펴보기로 한다.[5] 참고로 존재론적 인식론의 대표적인 철학자로는 플라톤, 데카르트, 칸트, 헤겔 등으로 이 책에서는 논의하지 않는다.

소크라테스의 인식론

소크라테스 Socrates(기원전 470~기원전 399)는 '너 자신을 알라' '산파술' '악법도 법이다' 등으로 우리에게 익숙한 철학자이다. 소크라테스를 제대로 이해하려면 그가 살던 그리스 시대에 대한 이해가 필요하다. 그 시대는 신으로부터 인간으로 중심축이 이동하던 시대였다. 흥미롭게도 소크라테스와 동시대에 아무런 교류가 없던 동양에서도 공자와 부처가 태어나서 인류의 정신적 삶을 풍요롭게 하고 있었으니 참 묘한 일이다.

동양과 달리 그리스는 민주주의라는 제도를 새로 만들어 이것으로 신이 하던 역할을 대행하게 한 점이 위대하다. 민주주의를 실행하다 보니 토론이 필수적으로 따랐고 상대를 설득하는 수사학rhetoric이 중요해졌다. 그 결과로 나타난 것이 소피스트, 즉 궤변론자들이다. 이들은 지금으로 치면 사설 학원을 만들어 궤변을 가르쳐 성업한 것으로 알려져 있다.

결국 진리에는 관심이 없고 상대를 설득시키는 말재주만 공부하는 꼴이 된 셈이다. 이를 보고 소크라테스는 '너 자신을 알라' 하고 꾸짖은 것이다. 타인의 입장에서 내가 알고 있는 것이 진리인지를 의심해보라는 인식론의 핵심을 말한 것이다. 겸손하라는 의미로 해석하는 사람들도 있는데 자신이 알고 있는 것을 지나치게 확신하지 말라는 의미로 해석하면 그럴 수도 있을 것이다. 내가 경험한 것, 내가 믿고 따르는 성공의 방식이 진정 진리인지 의심해보라는 의미로 우리는 받아들여야 할 것이다.

소크라테스의 산파술도 빼놓을 수 없이 중요한 인식론이다. 그의 어머니가 산파였기 때문에 그가 제자를 지도하던 방식을 그리 부르는 것으로 전한다. 제자가 진리를 찾아가는 길을 인도하는 방식을 말하는데 지금으로 치면 스스로 학습이다. "선생님, 우체국 가는 길이 어디입니까?"라고 제자가 물으면 "자네가 찾아보게. 단 이쪽은 아니네"라고 답하는 것이 산파술의 핵심이다.

플라톤은 스승인 소크라테스와는 상당히 다른 방식으로 진리에 접근하는데 그는 신과 인간의 중간에 '이데아'가 있고 이데아가 구현된 것을 진리로 보고 있어 큰 차이를 보인다. 정답을 알려주고 스승이 알고 있는 지식을 그대로 주입하는 교육을 했다면 과연 플라톤과 같은 위대한 철학자가 배출될 수 있었을지 모르겠다.

마지막으로 '악법도 법이다'와 인식론의 관계다. 지배층에서 자주 사용하여 오염된 말이지만 사실은 이 말 속에 소크라테스의 중요한 인식론이 들어 있다. 기존의 것을 의심하고 따져보라고 젊은이들을 선동하니 아직도 신의 세계에서 완전히 벗어나지 못한 지배층 입장에서는 난감한 일이었다. 그래서 여러 번 아테네가 아닌 다른 도시로 갈 것을 종용했지만 듣지 않자 사형을 선고했다. 사형집행장에서 법을 지켜야 함을 강조하려고 한 말로 알려져 있다.

하지만 핵심은 법을 지켜야 한다는 단순한 의미가 아니다. 그는 조국 아테네를 사랑하는 민주 시민으로서 법을 제정하는 일에 관여했기 때문에 설혹 그것이 내 목숨을 빼앗는 비수로 되돌아올지라도 받아들인다는 의미로 해석해야 한다. 이는 진리가 무엇인지 모르는 경우에는 민주적 의사결정을 거친 것을 진리로 인정해야 함을 말한다.

요약해보자. 소크라테스는 세 가지 인식론을 우리에게 이야기한다. 기존에 내가 알고 있는 것을 의심하라. 타인에게 내가 알고 있는 것을 진리라고 함부로 말하지 마라. 내가 주체적으로 참여하여 만든 제도는 진리로 받아들여야 한다.

베이컨의 4가지 우상

500년부터 1500년까지 이어진 중세시대를 흔히들 암흑시대라고 한다. 인간의 이성이 아닌 신의 뜻이 인간의 삶을 지배했기 때문에 붙인 이름이다. 이슬람 세력이 스페인에서 물러나고 종교혁명, 르네상스, 과학혁명을 통해 서구는 새로운 세상을 맞이하는데 이른바 근대다. 근대에 접어들면서 여러 가지 인식론이 나타나는데 프랑스에서는 계몽주의가, 영국에서는 경험주의가 나타났으며 좀 뒤처져 독일에서는 칸트로 대표되는 관념주의가 나타났다.

여러 유파의 사상 중 여기서는 경험주의 중심인물인 프랜시스 베이컨Francis Bacon(1561~1626)이 우리에게 경고한 우상에 대해 설명한다. 경험주의란 진리를 경험으로 찾는다는 것인데 경험으로 진리를 찾을 때 유념해야 할 편견이나 선입견이 있음을 경고한 것이 그가 말한 4가지 우상으로 종족의 우

상, 동굴의 우상, 극장의 우상, 시장의 우상이다.[6]

종족의 우상이란 인간이라는 종족 그 자체에 뿌리박고 있는 편견이나 선입견을 말한다. 인간의 정신은 표면이 고르지 못한 거울과 같아서 사물을 그 본모습대로 비추는 것이 아니라 왜곡하고 변형시킨다는 것이다. 일곱 가지 무지개를 색상으로 알고 있지만 동물들이 볼 수 있는 적외선이나 자외선이 있듯이 인간의 인식 능력에 한계가 있다는 뜻이다. 내가 본 것이 옳다고 주장하지만 사실은 극히 일부밖에 보지 못한다는 것이다. 인간으로서 갖는 인식의 한계를 지적하는 것이 종족의 우상이다.

동굴의 우상은 개인적으로 갖고 있는 편견이나 선입견을 말한다. 사람마다 올바른 판단을 방해하는 각자의 어두운 동굴이나 밀실이 있을 수 있다. 이것은 타고난 본성이나 자라난 환경, 받은 교육, 개인적 경험 등에 의해 만들어지는데 성공한 사람일수록 동굴의 우상이 강한 경우가 흔하다. 동굴의 우상은 나이가 들수록, 어려운 여건에서 성공한 사람일수록, 권위적인 성격을 갖는 사람일수록 강할 수 있다. 따라서 비즈니스에서 성공 사례를 그대로 답습하는 것은 자칫하면 동굴의 우상에 빠질 수 있으므로 조심해야 한다.

시장의 우상은 우리가 사용하는 언어 때문에 생기는 오류를 말한다. 인간은 언어로 소통하는데 그 언어는 일반인들의 이해 수준에 맞추어 정해진다. 어떤 말이 잘못 만들어졌을 때 인식은 실로 엄청난 방해를 받는다. 자꾸 들으면 그것이 진리가 아닐지라도 진리로 믿게 되기 때문인데, 예를 들어 학교에서 식민사관으로 기술된 역사를 공부한 세대는 그것이 진리인 것으로 믿는다. 따라서 기호(언어)를 사람이 만들지만 기호(언어)가 사람을 가두기도 한다.

극장의 우상은 학자들의 잘못된 학설이나 논증 때문에 생겨난 편견이나 선입견이다. 따라서 학설의 우상이라고 불리기도 한다. 특히 유명한 사람이 한 이야기를 의심하지 않고 믿는 경향이 있는데, 서구 학자들이 한 연구나 견해를 쉽게 받아들이는 현상이 우리에게 있음을 상기할 필요가 있다. 배척할 필요야 없지만 우상일 수 있음을 의심할 필요는 있다.

포퍼의 반증주의

현대로 넘어오면서 인식론은 연구방법론으로 전환되는데 논리실증주의, 반증주의, 패러다임 등이 대표적이다. 칼 포퍼Karl Popper(1902~1994)의 반증주의는 논리실증주의를 전제로 하기 때문에 이것부터 간단히 소개한다.

오스트리아 학자들인 카르납, 헴펠, 노이라트, 비트겐스타인 등이 제안한 것이 논리실증주의인데, 인문학을 제외한 사회과학과 자연과학에서 사용되는 가추법abduction이 바로 논리실증주의로 진리를 찾아가는 방법이다. 가추법은 가설을 추론하여 검증하는 것인데 가설 추론의 근거가 되는 스키마가 매우 중요하다.[7]

이런 식이다. "광고를 많이 하면 매출이 증가한다." 광고 후 매출이 증가하는 것을 입증하면 광고와 매출의 관계는 하나의 스키마가 된다. 논리실증주의는 이 스키마를 반복해서 검증하는 것이 특징이다. 다만 광고를 조금 할 때는 매출 변동이 없다가 어느 수준을 지나면 매출이 급격히 증가한다는 식으로 스키마를 확장하는 논문이 있긴 하지만 기존 스키마를 벗어나지는 않는다. 따라서 논리실증주의는 하나의 스키마는 철저히 입증할 수 있지만 이를 벗어나는 현상을 설명하는 데 취약성을 가질 수 있다.

이런 취약점을 알고서 광고하지 않았는데도 매출이 증가하고 광고했는데도 매출이 증가하지 않는 경우는 어떻게 설명할까를 고민하여 진리를 찾아가야 한다는 것이 포퍼의 반증주의이다. 반증주의로 연구하려면 통찰이 필요하다. 즉 기존의 스키마로 설명할 수 없는 현상을 감지해야 한다. 따라서 귀납적 추론에 근거한 이론적 통찰이 중요하다. 이런 통찰이 배제된 연구에서는 새로운 아이디어가 나오기 어렵다.

다소 복잡하고 어렵게 반증주의를 설명한 것 같아 일상적인 예를 들기로 한다. "흡연자는 비흡연자에 비해 폐암에 걸릴 확률이 3배가 높다"는 것을 여러 임상 실험으로 입증하는 것이 논리실증주의이다. 그런데 담배를 피우지 않은 사람이 폐암에 걸리는 현상에 주목하여 검증해보니 가족 중 다른 사람이 담배를 피워도 본인이 담배 피운 것과 같은 위험이 있음이 밝혀졌다. 이리하여 간접흡연이란 새로운 현상이 발견되었다.

그렇게 믿고 있었는데 이번에는 가족 중에 흡연자가 없고 본인도 흡연을 하지 않는 주부들이 폐암에 많이 걸리는 현상이 나타났다. 이는 기존의 논리에 맞지 않는다. 그 이유를 알아보는 연구에서 부엌에서 발생되는 초미세먼지가 폐암의 원인이 아닐까 의심했고 이를 입증하여 오늘날 초미세먼지가 사회적 쟁점이 되고 있는 것이다.

이처럼 반증주의는 논리실증주의의 연장선에서 기존 스키마에서 벗어난 현상을 설명하여 새로운 지식을 발견하는 인식론으로 현대 과학의 핵심 연구방법론이다. 예를 들어 미국식 경영이 바이블인줄 알았는데 일본이 1980년대에 추월하자 일본식 경영에 주목하는 것과 같다.

기업가는 기존의 스키마에 갇혀 있어서는 안 되기 때문에 반증주의는 인식론으로서 중요하다. 권한 위임이 생산성을 높인다는 일반적인 스키마가 있다고 치자. 권한 위임을 하지 않았는데도 생산성이 높다면 그 이유가 무엇인지를 의심하고 밝히려는 것이 반증주의적 인식론이다.

쿤의 패러다임 시프트

토머스 쿤Thomas Kuhn(1922~1996)은 앞서 논의한 논리실증
주의나 반증주의와는 인식론에서 큰 차이를 보이는데 가장
큰 차이가 변증법을 도입한 것이다. 변증법은 관념이나 물질
을 모순과 투쟁의 눈으로 보는 것으로 그리스 시대부터 시
작되었다.

변증법은 관념적 변증법과 유물론적 변증법으로 나눌 수
있는데 전자는 헤겔에 의해, 후자는 마르크스에 의해 구체화
되었다. 헤겔의 관념적 변증법을 역사 발전이 아닌 학문 연
구에 적용한 사람이 바로 쿤이다. 그의 인식론을 패러다임
시프트라고 하는데 특히 자연과학 발전을 설명하는 데 탁월
한 인식론이다.

정상과학이 있고 예외적인 현상이 나타나고 이를 설명하
는 다양한 연구가 진행되어 어느 날 옛날 정상과학은 없어
지고 새로운 패러다임이 그 자리를 차지한다는 것이다. 이처
럼 옛날 정상과학이 새로운 정상과학으로 바뀌는 것을 과학
혁명이라고 한다. 좋은 예가 인류가 오랫동안 믿어왔던 천동
설이 코페르니쿠스로 인해 지동설로 완전히 바뀐 것이다.

사회과학에서는 옛 스키마와 새로운 스키마가 공존하지

만 자연과학에서는 공존하지 않기 때문에 쿤은 스키마라는 말 대신 패러다임이라는 용어를 사용한다. 이런 의미를 갖는 패러다임이 오늘날은 스키마와 교차 사용되는데 이유는 사회과학에서 패러다임을 스키마로 이해하기 때문이다.

피처폰의 시대가 오래갈 것으로 보고 투자를 한 노키아는 스마트폰의 시대로 바뀌자 문을 닫게 되었고 그로 인해 핀란드 경제는 심각한 어려움에 직면한 것으로 알려져 있다. 패러다임 시프트란 실로 엄청난 인식론이다. 따라서 경영 방식은 논리실증주의나 반증주의에 의해 서서히 새로운 스키마를 만들어갈 수 있지만 기술은 패러다임 시프트의 안목으로 보아야 할 것이다. 혼용하지 않는 것이 좋다는 말이다.

상상력

상상력이란 무엇인가?

과일은 무엇보다 보기가 좋아야 잘 팔리기 때문에 농약을 쳐서라도 흠집이 생기지 않도록 해야 한다는 것이 관례농법이다. 하지만 과일은 우리 아이들이 먹어야 하기 때문에 농약을 쳐서는 안 된다고 하는 것이 자연농법이다. 두 농법이 그리고 있는 과일에 대한 이미지는 판이하다. 한쪽은 상품으로, 다른 쪽은 먹을거리로 이미지를 그리고 있다.

기존 이미지를 의심하면서 새로운 이미지를 그려내는 것이 상상력imagination이다. 따라서 상상력 논의에서 핵심은 이미지이다. 그렇다면 이미지는 어디서 오는 것일까? 왜 한 사람은 과일을 먹을거리로 생각하는데 또 한 사람은 상품으로 생각할까?

칸트는 이미지가 마음속의 선험적 지식과 선의지에서 온다고 본다. 관념주의 철학자인 칸트는 플라톤의 '이데아'를 이어받아 경험 이전의 선의지에서 이미지가 나온다고 말한다. 우리가 알고 있는 것은 모두가 실제로 존재하는 것이 아니라 이미지일 뿐인데 그 이미지란 것이 그냥 만들어지는 것이 아니라 인간의 마음속에 있는 선의지나 선험적 지식에 의해 만들어진다고 보는 것이 그 유명한 구성주의constructionism이다.

달리 말해 아름다움이 마음속에 있기 때문에 장미가 아름다워 보이는 것이지 장미의 아름다움이 실제로 존재하는 것은 아니라는 것이다. 그러므로 장미꽃은 소녀의 눈에는 머리를 장식할 것으로 보이지만 소의 눈에는 먹이로 보이는 것이다. 플라톤은 꽃이라는 이데아가 있고 그것이 표현된 것이 장미꽃이라고 한다. 특히 칸트는 하늘의 뜻과 도덕률을 선의지로 보고 있다.

이 논리에 따른다면 상상력은 인간다움, 인간의 존엄성, 순수성 등에서 나온다고 할 수 있다. 생텍쥐페리는 『어린 왕자』에서 어른(세속)이 아닌 어린아이(순수)의 마음에서 상상력은 꽃을 피울 수 있음을 말하고 있다.

칸트의 구성주의를 발전시켜 사람과 동물에 적용한 것이 급진적 구성주의radical constructionism인데, 윅스쿨Jakob von Uexkull (1864~1944)과 마투라나Humberto Maturana (1928~)가 대표적인 학자이다.[8] 이들은 칸트와 달리 활동 능력에 따라 이미지를 달리 만들어낸다고 본다. 선험적 지식이 아니라 활동 능력을 강조한 점이 다르다. 파리는 문을 열 수 없기 때문에 문과 벽을 구분하지 못하지만 인간은 손으로 열 수 있기 때문에 문이라는 이미지를 갖는다는 것이다. 흔히들 나이에 비례하여 세월이 빨리 간다고 하는데, 노인이 되면 운동 능력이 떨어져 상대적으로 다른 것을 빠른 이미지로 구성하기 때문이다.

이 논리에 따르면 다양한 경험과 움직임으로 상상력은 커진다고 할 수 있다. 에릭 시걸은 『갈매기의 꿈』에서 조나단을 통해 이러한 상상력을 이야기한다. 조나단은 무리를 떠나 높이 날아보았기에 무리를 새로운 방향으로 이끈다.

이런 논의 외에 기호학도 중요한데, 관념을 나타내는 기호인 용어가 있어 이미지가 만들어진다는 관점이다. 아름다움, 사랑, 행복이란 용어가 있으므로 우리는 아름다움이란 이미지를 그려낸다고 보아 기호인 용어를 이미지의 중요한 원천으로 생각한다. 유홍준 교수는 『나의 문화유산답사기』에서 '아는 만큼 보이고 보이는 만큼 느낀다'고 말하는데, 이는 기호학적 접근이라고 할 수 있다. 나의 머릿속에 들어 있는 지식, 즉 용어에 의해 문화유산의 이미지가 새롭게 그려진다는 것이다.

비즈니스상상력

다음으로 비즈니스상상력이다. 이 경우에는 이미지보다는 개념concept이라는 용어를 주로 쓴다. 즉 기존의 개념을 의심하고 새로운 개념을 만들어내는 것이 비즈니스상상력이다. 앞서 논의한 '태양의 서커스'나 '패스트패션' 등이 기존 개념을 의심하고 새로운 개념을 만들어낸 예다.

커피 전문점인 카페가 계속 늘어나고 있다. 통계 수치가 없어 말하기 조심스럽지만 아마 세계에서 단위 인구당 카페 수가 가장 많은 나라가 대한민국이고 특히 서울에 많이 집중되어 있을 것이다. 이런 현상을 어떻게 설명할 것인가? 차를 마시는 다방이라는 전통 콘셉트로 카페를 보아서는 도저히 이해가 되지 않을 것이다. 제3의 공간이란 새로운 개념으로 보아야 비로소 이해가 된다.

제1의 공간은 사적 공간인 집이고 제2의 공간은 도서관과 같은 공적 공간인데 제3의 공간은 둘을 겸하는 공간이다. 커피를 마시면서 도서관처럼 책도 보고 음악회에 온 것처럼 음악도 듣는다. 제3의 공간은 남녀노소가 스스럼없이 같이 공존하는 공간이기도 하다. 이처럼 비즈니스에서 기존 개념이 아닌 새로운 개념을 만드는 것이 바로 비즈니스상상력이다.

비즈니스상상력은 그 내용이 너무 많고 중요하여 여기서 다루기는 알맞지 않다. 차후 다른 책으로 소개하기로 하고 기왕에 나와 있는 몇 권의 참고문헌을 미주에 소개하는 것으로 대신한다.[9]

비즈니스상상력의 부재

대한민국 젊은이의 3분의 1은 연예인을, 3분의 1은 공무원을, 나머지 3분의 1은 대기업 사원을 장래 희망으로 꿈꾸고 있다고 한다. 반면에 미국의 젊은이는 스파이더맨을, 우주에 새로운 나라를 세우는 것을 꿈꾼다고 한다. 그러면서 우리 젊은이의 상상력이 얼마나 빈약한지를 말한다. 한국 젊은이의 상상력이 부재한다는 비판은 일단 받아들이기로 하자. 문제는 어찌하여 부재한지를 말하고 높일 수 있는 방안을 찾는 것이다.

먼저 말할 수 있는 것이 우리 현실이다. 과연 우리 현실이 새로운 범주나 개념을 수용하는 자세가 되어 있는가? 즉 기존 범주와는 다른 새로운 범주를 수용할 자세가 되어 있는가? 예를 들어 혼전 자식을 낳아 기르는 미혼의 여성에 대한 시선이 어떤지, 또 그 비용은 얼마나 큰지를 상상해보자. 새로운 범주를 수용할 수 없는 사회적 인식 속에서는 기껏 상상한다는 것이 기존 범주 안에서 더 잘하는 것이다. 새롭다고 외치고 있지만 알고 보면 다 기존 것이다.

상상력은 보이지 않는 것이 궁금해야 한다. 미래가 궁금하고 산 너머에 어떤 사람들이 사는지가 궁금해야 한다. 그 궁금증 때문에 우리는 소설을 읽고 여행을 한다. 하지만 거기까지이다. 독서와 여행이 감동만으로 끝나고 이것이 상상력으로 이어지지 않는다. 극히 쾌락적인 여행이고 독서다. 하루하루의 삶이 여유가 없으니 자연 그럴 수밖에 없다. 하루 종일 학교로 학원으로 쳇바퀴 돌듯 뺑뺑이를 도는 아이들의 세상에 대한 이미지는 어머니가 좌우한다. 어머니가 대신 그려주는 이미지가 연예인은 아니겠지만 공무원과 대기업 직원일 것으로 추측된다.

새로운 범주를 받아들이는 마음의 여유를 갖고 의존적이 아닌 주체적 호기심을 갖는 것, 한마디로 자유로움freedom이 비즈니스상상력의 근원이다.

디자이너의 상상력: 디자인사고

　의문하기의 세 번째가 디자인사고[design thinking]이다. 21세기로 접어들면서 환경, 빈부격차 등의 사회문제를 디자인으로 해결하려는 시도가 나타나는데 디자인경영, 디자인사고 등이 대표적 담론이다. 이런 디자인을 혁신 또는 기여 중심 디자인이라고 한다.[10] 디자인사고란 디자인 전문 기업 IDEO의 팀 브라운[Tim Brown]이 논문을 쓴 이후 세계적인 쟁점이 된 개념으로 다음과 같이 정의한다.[11]

　디자이너의 민감성과 방법으로 사람들의 욕구를 타당성 있는 기술과 시장 기회로 연결시키는 일종의 작업 준칙이다.

　그는 특히 디자이너의 민감성을 강조하고 있는데 그것을 존재론적 예측, 개념적 예측, 시각적 예측 등으로 나누고 있다.

　첫째, 존재론적 예측은 쉽게 말해 미래를 그려내고 미래에 가치 있는 것이 무엇인지를 그려내는 것이다. 환경, 인간적 가치, 노인 문제, 의료 문제 등에서 바람직한 미래의 모습을 상상하는 것을 말한다.

　둘째, 개념적 예측은 새로운 개념을 개발하는 것이다. 도시재개발이라고 하기보다 젠트리피케이션gentrification이라고 했을 경우 원주민의 정주권이 살아나듯이 새로운 개념을 씀으로써 새로운 세상을 그릴 수 있는 것이다. 예를 들어 한 젊은이의 삶의 고단함을 3포세대라고도 할 수 있고 달관세대라고도 할 수 있는데 어떤 개념으로 표현하는지에 따라 상당한 차이가 있는 인식을 낳는다.

셋째, 시각적 예측은 존재론적 예측과 개념적 예측을 시각적으로 표현하는 것을 말한다. 그려보면서 더 구체적으로 사고할 수 있고 또 새로운 것을 발견할 수도 있기 때문이다.

이렇게 정리하고 보니 디자인사고는 디자이너의 상상력이다. 따라서 비즈니스상상력과 비교하여 생각할 필요가 있다. 비즈니스상상력은 비즈니스의 기존 콘셉트를 의문하고 새로운 비즈니스 콘셉트를 만들어내는 것을 말하고, 다지인사고는 공공 관점에서 기존 콘셉트를 의문하고 새로운 콘셉트를 만들어내는 것을 말한다. 서울의 중심 거리인 세종로가 몇 년 전까지만 하더라도 자동차 중심 도로였다면 지금은 보행자 중심이자 광장agora으로 바뀌었다. 광장은 자유인으로서의 소양을 쌓는 데 훌륭한 사회학교다.

이집트에 뒤진 그리스가 이집트를 따라잡은 이유를 이렇게 말할 수 있다. 이집트인들은 무덤을 만들었지만 그리스인들은 아고라와 극장을 만들었다.

에토스인 신화와 사상

앙트러프러너십의 에토스

앙트러프러너십은 기회를 찾아내는 앙트러십[entreship]과 이를 실행하는 과정인 프랑드러십[prendreship]으로 나눌 수 있다. 앞서 설명한 로고스는 앙트러십에, 에토스는 프랑드러십에 해당한다. 아리스토텔레스가 『수사학』에서 소개한 에토스[ethos]는 사람과 사람 간의 유대감을 쌓는 행위나 규범, 제도, 신화, 이데올로기, 사회사상으로 이것에서 윤리학이 시작되었다.[1]

선거철만 되면 후보자들이 허리를 90도로 숙이며 시장 상인들과 두 손으로 악수하고 좌판에서 막걸리를 마시는 모습이 텔레비전을 장식하는데 일종의 에토스다. 아무리 뛰어난 혁신 아이디어도 유대감 없이는 실행할 수 없기 때문에 수사학에서는 에토스를 로고스나 파토스보다 앞에 둔다.

기업이든 공동체든 에토스는 중요한데, 요즈음은 기업윤리나 진정성이 사회와 유대를 쌓는 에토스로 떠오르고 있다. 한편 공동체의 에토스는 노인 공경, 연공서열, 혈연, 학연, 지연 등이 될 수 있어 에토스를 관습으로 보기도 한다. 비공식 조직에서 에토스를 특히 강조한다. 하지만 앙트러프러너십에서 말하는 에토스는 조금 다르다. 사람과 사람 간의 유대감보다는 혁신을 실행하는 과정에서 반드시 겪게 되는 저항을 극복하기 위한 수단으로서의 통과의례인 신화와 리더십의 기초인 사회사상을 기업가의 에토스로 정의한다. 그 외에도 시간적, 물적, 인적 투자가 있을 것이다. 신화와 사회사상을 기업가의 에토스로 보는 것은 문화인류학적 접근이고 철학적 접근이라 기존의 경영학적 접근과 달라 생소할 것이다. 기존의 경영학적 접근은 시간, 물적, 인적 투자에 국한하고 있기 때문이다.

통과의례에 대한 이해

범주화

스마트폰과 피처폰, 다방과 카페, 오프라인 유통과 온라인 유통, 슬로패션과 패스트패션, 백화점 대 할인점, 기존 항공 대 저가항공, 관례농법 대 자연농법 등은 혁신의 예들이다. 이러한 혁신을 지금까지는 생산성이나 기술 관점에서만 봐 왔다. 혁신을 새로운 범주, 즉 범주화 categorization 로 보는 것이 문화인류학적 접근이다.[2]

인류의 역사를 거슬러 올라가보자. 인류는 처음에는 자연에 의존 내지는 종속된 상태로 살았다. 그러다가 야생동물을 잡다가 가축으로 기르고, 자연에 자생하던 벼를 논에다 재배하여 정착하기 시작했다. 원시 밀림의 자연 속에 살 때는 누가 누구의 자식인지가 중요하지 않았지만 특정 지역에 정주하여 살기 시작한 이후 씨족 대 타부족이란 범주가 생겨 났다. 이처럼 범주로 나누는 것이나 새로운 범주의 출현이 범주화이다. 범주화는 이항대립적 범주화, 연속적 범주화, 새로운 범주화 등으로 나눌 수 있다.

먼저 이항대립적 범주화다. 자연 대 인간, 남자 대 여자, 씨족 대 타부족 등과 같이 이항대립적 범주화는 인류 역사를 관통하는 기본이다. 이는 문화인류학에서 중요하게 생각하는 개념으로 기본적으로 이항대립으로 모든 현상을 나눈다.

다음으로 연속적 범주화다. 초, 중, 고, 대학의 구분도 따지고 보면 연속적 범주이고 대학을 졸업하고 취업할 것으로 생각하는 것도 졸업 대 취업으로 범주가 이어질 것이다. 어떤 범주가 있고 어떤 순서로 범주화되는지는 스키마(정해진 사고나 지식 체계)가 되어 우리 머릿속에 이미 자리 잡고 있다.

세 번째로 새로운 범주화다. 예를 들어 대학을 졸업하면 취업을 하고 그다음 결혼하고 아이를 낳는 식으로 범주화가 순서대로 이루어진다. 그런데 대학을 졸업하고도 취업을 하지 않거나 못하는 젊은이들이 나타나고, 나이가 차면 으레 결혼해야 하는데 도대체 결혼할 생각을 하지 않는 젊은이가 점차 늘어나며, 결혼해도 아이를 낳지 않는 기현상을 목도하면서 우리는 당황스러워한다. 이유는 기존의 스키마에 벗어난 새로운 범주가 나타났기 때문이다.

통과의례

우리 사회가 현재 겪고 있는 혼란은 고도성장 대 저성장, 정규직 대 비정규직, 인구 증가 대 인구 정체라는 새로운 범주의 출현에 대한 어색함으로 이해할 수 있다. 이항대립적 범주화든 새로운 범주화든 이를 옮겨가거나 받아들이기는 쉽지 않다. 쉽지 않기 때문에 통과의례^{boundary rituals}가 있게 된다.[3] 일반적으로 범주 간에 의미 차이가 크면 클수록 통과의례 역시 더욱 중요해지기 때문에 더 의미 있는 의례를 치르게 된다. 통과의례는 다양하다.

먼저 의식이다. 모든 문화권은 삶이나 죽음으로의 이행, 즉 출생과 사망에 의미를 부여하는 의식을 갖는다. 마찬가지로 독신에서 혼인으로의 이행 또는 어린이에서 성인으로의 이행 등과 같이 한 지점에서 다른 지점으로 옮겨감을 표시하기 위해 정성 어린 의례가 진행된다. 이보다 일상적이지만 만났을 때와 헤어질 때 나누는 인사 역시 존재와 부재 사이의 이행 지점을 표시하는 의례적 행위이다.

두 번째로 이행 기간이다. 신혼여행, 장례 기간과 문상 기간, 출생 이후 세례식 사이의 기간 등과 같은 변칙 기간을 설정하여 신성시한다. 이 기간은 이미 지나간 범주의 자취가 남아 있지만 동시에 앞으로 다가올 범주를 예시하는 기간인 것이다. 이 기간은 방향 감각을 상실할 정도로 갑작스런 이행이 되지 않도록 당사자들을 배려하는 기간이다.

세 번째로 문화다. 우리는 식재료를 음식으로 바꾸어야 하는데 그 방식이 일종의 통과의례로서의 문화이다. 김치는 일정 기간 숙성시키는 변칙 시간을 갖고 된장이나 고추장 등도 마찬가지로 더 긴 시간을 갖는다. 이에 비해 비빔밥은 바로 식재료를 섞어 먹는 것으로 통과의례를 별로 거치지 않는다. 또한 식재료를 죽으로 끓여 먹으면 양을 늘릴 수가 있어 더 대중적인 문화라고 할 수 있고, 이에 반해 생선이나 고기구이는 요리 재료를 수축시키기 때문에 낭비적이라는 면에서 귀족적인 문화라 할 수 있다.

구운 음식은 바로 불에다 구울 수 있어 조리기구나 매개물이 덜 필요하지만 끓인 음식은 조리기구나 기름과 같은 매개물이 필요하기 때문에 음식을 변형시킨다. 문화의 차이이다. 동서양의 음식문화를 분석해보면 통과의례로서 문화의 뚜렷한 차이를 엿볼 수 있다.

에토스를 말하면서 웬 음식문화인가? 하고 의아할 것이다. 혁신이란 새로운 범주화이기 때문에 새로운 범주로 옮겨가려면 식재료를 요리로 바꿀 때처럼 관습이나 개인의 습관이라는 문화를 고려해야 한다. 조직이나 팀의 풍토를 무시하고 혁신을 단행할 때 비용 문제가 발생한다. 구울 것인지, 아니면 끓일 것인지는 조직이나 개인, 팀의 문화를 고려해야 한다. 김치나 된장이나 간장과 같은 숙성 음식이 서양의 경우 많지 않듯이 문화권마다 다르기 때문이다.

네 번째로 텔레비전의 협찬 광고, 프로그램 안내 자막 또는 주파수 안내 등과 같이 인위적인 통과의례도 있다. 프로그램 중간에 넣어 강제적으로 보게 하는 경우가 늘고 있지만 프로그램과 프로그램이 교체되는 시간 전후에 하는 광고

나 안내는 오히려 통과의례로서 순기능을 할 수 있다. 새로운 범주로 바뀌는 것을 시청자에게 안내하는 배려로 볼 수 있다.

기업가 에토스로서 신화

앞서 다양한 통과의례를 설명했다. 여기서는 통과의례로서 가장 중요한 신화^{mythology}를 논의한다. 이항대립적 범주에 속하지 않으면서 양 범주의 특징을 모두 지님으로써 이항대립의 경계를 넘어서는 범주를 문화인류학자인 레비스트로스^{Claude Lèvi-Strauss}(1908~2009)는 '변칙범주^{anomalous categories}'라고 부른다. 변칙범주는 이항대립된 양쪽 범주의 특징을 고루 지니고 있기 때문에 다의적이면서도 개념적으로 중복된다. 레비스트로스는 변칙범주를 신화로 보고 있다.

레비스트로스는 신화란 모든 이항대립적 구조 안에 내재하는 모순에 대처할 수 있도록 함으로써 본원적 불안감을 감소시켜주는 역할을 한다고 말한다.[4] 우리 신화 중 웅녀신화가 있다. 인간과 자연 간의 대립적 범주를 해소시켜주기 위해 만들어진 것이 웅녀신화이다. 우리 민족의 조상이 곰이고 하느님인 환웅의 지시가 있었음을 말함으로써 자연과의

대립각이 해소될 수 있는 것이다. 신화에 대한 두 가지 논의를 살펴본다.

먼저 신성한 변칙범주로서의 신화다. 변칙범주는 한 문화의 기본 구조를 뒤흔들 수 있는 가능성 때문에 '신성시'되거나 '금기시'되는 방식으로 통제를 받는다. 예를 들어 『구약성경』「창세기」에서 사악한 존재로 그리고 있는 뱀은 뭍에 사는 짐승도 아니고 물에 사는 물고기도 아니면서 양자의 특징을 모두 지니고 있어 금기시한다. 동성애 역시 그러하다. 성 정체성이 결정적으로 중요한 우리 사회에서 동성애는 도덕적으로나 법률적으로 금기시될 수밖에 없는 것이다. 죽었으나 죽지 않은 존재자를 귀신이나 좀비라고 하여 멀리하는 것도 또 하나의 예다.

반면에 신과 인간이란 두 범주의 경계에 있는 천사나 예수 그리스도는 신성시된다. 동양에서는 용龍도 신성시되고 있다. 사람이 죽으면 바로 저승으로 가는 것이 아니라 49일 동안 머물면서 이승의 기억을 없앤다는 중천 또한 이승과 저승의 경계에 있는 변칙범주로 신성시되고 있다. 그래서 우리는 49재를 지낸다.

다음으로 만들어진 신화다. 근대화 과정에서 우리는 호암 이병철이나 아산 정주영 같은 걸출한 기업가를 영웅으로 생각하는데 영웅 또한 신화다. 이들처럼 해야 못사는 나라에서 잘사는 나라로 바꿀 수 있다는 것이다. 신화 만들기의 사례는 역사 청산에서도 찾을 수 있다.

일제강점기에 관리로 재직하던 사람들이 해방 이후에도 거의 그대로 공직에 근무하여 우리나라는 범주 전환의 통과 의례로서 신화를 만들지 못했다. 프랑스가 짧은 기간이지만 독일 치하에 있을 때 부역했던 자들을 대대적으로 처벌함으로써 신화를 만들어간 것에 비하면 역사의식의 부재를 말할 수 있다. 어찌 보면 지금도 일제강점기와 같은 범주에서 살아가고 있는지 모르겠다. 즉 범주 전환이 이루어지지 않았다는 것이다. 통과의례인 신화가 없었기 때문에 시대적 범주화만 있을 뿐 정신적 범주화는 새롭지 않은 것이다.

조선 역사상 개혁사상가는 예외 없이 처단을 받음으로써 우리는 새로운 범주로 옮겨가는 데 신화를 활용하지 못했는지도 모른다. 20세기 중반 미국과 전 세계를 휩쓴 서부영화는 악인을 물리치고 유유히 떠나는 주인공을 그려 미국의 신화를 잘 보여주었다. 우리는 이를 지금도 기억하고 있다.

지금까지의 신화론은 레비스트로스의 분석이고 신화 연구의 또 다른 축인 롤랑 바르트Roland Barthes(1915~1980)의 분석은 좀 다르다. 바르트는 사회적 불평등이나 계급의 문제를 신화 이론의 중심에 두는데 그에 따르면 자본주의사회의 신화는 거의 예외 없이 지배계급의 이익을 촉진시키고 봉사한다.[5] 바르트를 소개한 이유는 신화에 대해 다른 견해를 가진 사람이 이 글을 읽으면서 겪는 혼란을 줄이기 위해서다.

따라서 기업가로서 혁신을 실행하려면 신화를 잘 활용해야 한다. 혁신, 즉 새로운 범주로 나아가려면 신화를 만들어야 한다. 예를 들어 기존의 인재상과 다른 인재를 영웅으로 발탁하고, 조직 구조나 조직에서 사용하는 용어 또한 바꾸어야 한다. 회사의 로고를 바꾸고 이벤트를 하는 것도 신화에 속할 수 있다. 광고 또한 신화 만들기의 하나다.

기업가의 에토스로서 실학

기업가는 혼자가 아니라 조직이나 집단과 함께 새로운 길을 가야 하기 때문에 리더십이 필수적이다. 기존의 리더십 이론은 경제적·심리적·정치적으로 접근하고 있으나 여기서는 사회사상으로 접근한다.

먼저 우리의 사회사상인 실학을 논의하고 이어서 미국의 사회사상인 프래그머티즘을 논의한다.

실학과 성리학

나라마다 지배적인 사회사상이 있어 에토스로서 큰 역할

을 하고 있는데 마땅히 우리의 사회사상이 이것이다 하고 내세울 것이 없어 걱정이다. 그 결과 이데올로기가 한국 사상을 대신한다. 여기서는 이데올로기를 대체할 우리의 사회 사상으로 실학實學을 논하고자 한다.

실학이라는 명칭은 본디 불교를 허학虛學으로 부르는 데서 시작된 것으로 성리학 자체를 말한다. 하지만 우리가 알고 있는 실학은 이렇다.

실학은 조선 후기 대두한 성리학에 바탕을 둔 일련의 개혁적 사상 체계로서 앞선 지식이나 문물을 받아들여 새로운 시대를 구현하려는 공통성을 갖고 있다. 이수광, 유형원 등에서 시작된 실학은 이익, 안정복, 박세당, 홍대용을 거쳐 박지원, 정약용, 이덕무, 박제가에 이르러 집대성되고 19세기 말의 개화사상가들에 의해 재발견된다.

실학의 줄기를 간단히 살펴보면 크게 노론 집권당의 소장학파와 남인학파로 나뉜다. 노론 집권당의 소장학파는 흔히들 북학파라고 하는데 연암 박지원(1737~1805)과 박제가(1750~1805)가 대표적이고 남인학파로는 다산 정약용(1762~1836)이 대표적이다. 좁게 보면 다산을 중심으로 한 남인 학자의 사상을 실학이라고 하고 노론 소장파 중심의 개혁적 사상을 북학이라고 한다.[6]

두 학파 간에 공통점은 서양 문물을 받아들여 조선 문물을 부흥시키자는 것이지만 근본 철학은 다르다. 북학파는 노론 계열이라 성리학의 이기일원론理氣一元論을 따르고 남인인 다산은 이기이원론理氣二元論을 따른다. 그 결과 남인 계열은 피지배층을 중시하고 천주교를 받아들이며 북학파는 청나라 문물 수입으로 경제적 부흥을 꾀한다. 다시 말해 남인 계열의 실학이 사회개혁 사상이라면 북학파는 부르주아적 부국강병 사상이라고 할 수 있다. 따라서 실학을 제대로 이해하기 위해서는 이기일원론과 이기이원론을 알아야 한다. 이를 위해 성리학에 대해 좀 더 알아보기로 한다.[7]

성리학은 송나라 정호, 정이 형제가 정리한 것으로 원시선진 유학인 공자, 맹자, 순자 중심의 유교와는 다르다. 이른바 신유학新儒學으로 유교, 불교, 도교를 결합한 것이다. 성인의 경지에 이르는 것을 목표로 하기 때문에 이학理學이라고도 한다. 주요 경전은 『대학』이며 격물格物, 치지致知, 성의誠意, 정심正心, 수신修身, 제가齊家, 치국治國, 평천하平天下가 행동 강령이다.

신유학은 뒤에 이학理學과 심학心學으로 나뉜다. 이학은 정주학 또는 주자학이라고 하는데 정주학이라고 하는 이유는 정이(1033~1107)와 주희(1130~1200)가 정교화했기 때문이다. 이것은 이理, 즉 인간의 도리를 인성으로 보고 성즉리性卽理로 생각하여 도교에 가까운 점이 있다. 반면에 심학은 정호, 육

상산, 왕양명 등으로 이어져 양명학이 되었다. 이가 곧 심이라는 심즉리心即理로 보고 있어 불교에 가깝다.

이렇게 두 갈래로 나뉜 성리학은 고려 말 이색이 본격적으로 정치철학으로 도입하기 시작하여 교육이나 수양이 아닌 정치의 전면에 나서게 된다. 이후 삼봉 정도전에 의해 조선 건국의 통치 철학으로 조선 500년의 정치사회사상으로 자리 잡는다.

우리나라에 들어온 성리학은 주자학에 가까우며 핵심은 이기理氣로, 한마디로 이기의 사상으로 볼 수 있다. 이기를 둘러싼 깊은 논의는 전문가에게 맡기고 여기서는 실학 이해에 필요한 정도의 의미와 논쟁에 대해 살펴보기로 한다.

이理는 보이지 않는 중심, 즉 우주, 세상, 삶의 기본 원리 내지는 가치관을 말한다. 철학 용어로 바꾸면 불변의 진리다. 플라톤은 이를 이데아라고 했고 이를 이어받은 칸트는 선험 지식이라고 했다. 하늘의 뜻이자 사람의 도리라고도 말할 수 있다. 따라서 이를 강조하는 것은 근본주의라고 할 수 있다.

기氣는 보이는 현상, 존재, 생, 자연관 등을 말한다. 보이고 경험할 수 있고 현존하는 것을 기라고 한 것이다. 이처럼 보이거나 경험하거나 현존하는 것을 중시한다는 점에서 세속주의라고 할 수 있다.

이기 논쟁

이기理氣의 관계는 '불리부잡不離不雜'으로 본다. 떨어져 있지도 그렇다고 섞이지도 않는다는 애매모호한 표현이다. 태극기의 두 색을 가르는 곡선이 불리부잡을 표현하고 있다. 애매모호하기 때문에 논쟁의 여지가 많으며 이기일원론과 이기이원론은 조선 정치사회철학의 근간을 이룬다.

이기이원론은 퇴계 이황을 중심으로 한 주리론으로 대표된다. 이와 기는 서로 달라 현실에 없는 이가 존재한다는 것으로 원칙론 내지는 근본주의에 가깝다. 철학적으로는 플라톤과 칸트에 가깝고 종교적으로는 그리스도교에 가깝다. 따라서 퇴계는 현실 정치에 참여하기보다는 고향 안동에서 후학을 가르치며 공부하는 데 온 열정을 쏟았다. 사후 후손들도 유지를 이어받아 소박하게 퇴계를 기념하고 있다.

퇴계는 율곡을 비롯한 이기일원론 계열의 학자들의 비판을 언제나 경청하면서 자신의 논리를 편지로 답했다고 하여 참다운 군자라고 불린다. 화이부동和而不同하는 군자의 전형을 보여준 셈이다. 퇴계와 같은 길을 간 사람으로 한 살 연하인 경상도 산청 출신의 남명 조식이 있는데 그는 임진왜란 때 의병장으로도 유명하다. 남명을 비롯한 각지의 의병장들은 거의 대부분 퇴계 학풍을 이어받은 사람들이다.

이들은 임란 후 광해군 때 집권하여 개혁 정치를 펼치려

했으나 인조반정으로 역사의 뒤안길로 사라진다. 이후 4색 당파에서 명맥을 유지하다 영정조 대에 탕평책의 일환으로 잠시 정치의 전면에 나섰지만 세도정치에 밀려 거의 모두가 물러났다. 정조 때 영의정을 지낸 채제공이 대표적인 인물이다. 이 학맥을 이어받은 남인 계열의 다산은 이와 기가 하나가 아닌 둘이라고 보았기 때문에 천주교를 받아들였고 민중의 아픔에 눈을 돌려 수많은 실용서를 집필했다.

이기일원론은 기대승과 율곡 이이를 중심으로 하는 학맥으로 흔히 주기론이라고 한다. 기로 나타난 것이 이라고 보는 현실주의적 인식론이다. 철학적으로는 아리스토텔레스에 가깝고 종교적으로는 영생을 추구하는 도교에 가깝다. 흥미로운 사실은 율곡이 절에 들어가 1년 동안 공부한 것이 정계에 나온 이후 끊임없이 비판받는 구실이 되었다는 것이다. 이를 통해 이기일원론은 종교 특히 불교와는 큰 거리를 두고 있음을 알 수 있다.

현실 정치를 받아들이는 학풍이라 이후 조선의 정치를 지배한 노론의 정치철학이기도 하다. 대표적인 학자로는 우암 송시열이 있고 현대에 와서는 간재 전우가 손꼽힌다.

이기일원론은 후기에 오면서 다시 인물성동이론人物性同異論 논쟁에 휩싸인다. 이는 자연관과 인간관에 대한 논쟁으로 사람과 동물의 본성은 같은가 다른가를 둘러싼 논쟁이다. 얼핏 보면 별 내용이 없는 것 같지만 매우 중요한 논쟁이다. 같다고 하는 논리는 양반과 천민과 서출 등 사람 간에 차이가 없다고 주장한다. 이 주장은 이후 신분제를 철폐해야 한다는 논리의 근거가 되며 실학의 뿌리가 된다. 모든 이는 인간으로서 존엄하며 평등하다는 생각을 한 학자들에게서 실학이 출현하게 된 것이다. 이를 보면 사회사상이 실행을 해야 하는 기업가의 에토스로서 얼마나 중요한지를 엿볼 수 있다.

프래그머티즘

미국에서 앙트러프러너십이 발달한 이유는 이 나라의 사회사상에서 찾을 수 있다. 미국의 사상적 지주는 청교도주의puritanism와 프래그머티즘pragmatism 두 가지인데 여기서는 그중 프래그머티즘을 다루어본다.

미국이라고 했지만 사실은 영국을 포함한 앵글로색슨 계통의 국가를 포함한다. 따라서 이와 대비되는 대륙 계통의 국가들과 비교하는 것이 이해에 도움이 될 것이다. 영국이 국민투표를 통해 유럽연합EU에서 탈퇴하는 결정을 내렸다. 아마 미국이라도 그리했을 것이다. 이유는 두 나라의 사상적 기반을 이루는 철학자가 베이컨, 벤담, 로크 등으로 동일하기 때문이다. 이에 반해 독일을 비롯한 대륙 계통 국가의 사상적 기반은 칸트, 헤겔, 니체 등 그리스 철학을 이어받으려는 철학자들이다.

사상적 기반이 다르기 때문에 진리에 대한 생각이 판이하게 다르다. 대륙국에서는 진리가 원래부터 존재하는 것이라 보지만 미국이나 영국은 진리는 찾아가는 것으로 본다. EU 탈퇴가 옳은 일인지 아닌지는 일단 탈퇴하고 나서 보자는 식이다. 즉 해보고 나서 영국에 이익이 되면 옳은 것이고 그렇지 않으면 틀린 것으로 판단하는 것이다.

이런 사상적 기반에서 출발한 프래그머티즘을 우리는 많이 오해하고 있다. 우리말로 실용주의實用主義라고 번역되어 과정이나 본질보다는 결과의 유용성, 즉 실용으로 진리를 판단하는 것으로 알려져 있다. "모로 가도 서울만 가면 된다." "이유야 어찌 되었건 결과가 좋으면 좋은 것이다." 이처럼 수단과 방법을 가리지 않는 것을 실용주의로 우리는 알고 있다. 하지만 이건 아니다.

pragmatism은 원래 그리스어 pragma(프라그마)에서 유래한 말로 실제, 실천 등의 의미를 갖는데 찰스 퍼스Charles Sanders Pierce(1839~1914)가 학술 용어로 만들었다. 그 핵심은 "실천을 통한 확인과 유용성"이다. 실천적 확인은 퍼스가 강조한 것이고 유용성은 제임스가 강조한 것이다.

먼저 퍼스의 논리다. "이것은 컵이다"라는 명제가 있다고 하자. 이것이 참이기 위해서는 컵은 물이나 커피 따위를 따라 마시는 것으로 정의되어야 하고, 컵에다 그렇게 해보아서 확인이 되면 컵이라고 할 수 있다는 것이다. 마찬가지로 다이아몬드는 단단하다고 할 때 부딪히거나 긁어서 흠집을 내보는 식의 실천적 확인 과정이 있어야 단단하다고 말할 수 있다.[8]

윌리엄 제임스William James(1842~1910)는 퍼스와는 달리 유용성useful을 강조한다. 가령 어떤 사람이 깊고도 낯선 숲 속에서 길을 잃었다고 하자. 한동안 홀로 헤매다가 배고픔과 피로로 거의 쓰러질 지경에 이르렀을 때 소 발자국을 발견하고 발자국을 따라가면 사람이 사는 집이 나올 것이라고 생각한다. 이 경우 그의 생각이 맞을지 틀릴지 아직 알 수 없다. 그가 생각한 대로 소 발자국을 따라 가서 사람이 사는 집을 발견한다면 이 유용한 생각이 바로 참된 지식, 곧 진리라는 것이다. 이유는 좋은 결과를 이끌어냈기 때문이다.[9]

이런 두 면을 갖는 프래그머티즘은 대륙의 철학과는 다른 뚜렷한 4가지 특징을 갖는다.

첫 번째로 모두 다윈의 진화론에 영향을 받았다. 그 결과 진리의 우연성을 강조한다. 진화론에서 유전적 돌연변이인 우연성을 강조하기 때문이다. 따라서 지식이란 인간이 불확

실하고 우연적인 환경에 적응하기 위한 도구일 뿐이며 영원 불변의 진리는 없다고 본다.

두 번째는 역사주의이다. 이는 진리란 환경과 시대에 맞는 것이라는 정합설에 근거한다. 따라서 초역사적인 진리는 존재하지 않는다고 본다. 이에 반해 대륙의 철학은 진리대응설이다. 진리란 원래 존재하는 것이고 이것이 현실에 나타난 것이 진리라는 것이다. 성리학의 기본 논쟁인 이기일원론과 이기이원론 모두 진리대응설에 해당한다.

세 번째는 천상의 진리보다는 이 세상의 삶을 중요하게 여기는 세속주의이다. 그렇다고 돈이 전부라는 이야기는 아니다. 예를 들어 미국 보수주의를 지배하고 있는 기독교 근본주의에 대비되는 태도가 여기에서 말하는 세속주의이다. 죽어서 얻을 수 있는 삶을 위해 현세를 부정하기보다는 덧없는 현실의 삶을 의미 있게 만들기 위해 노력해야 한다고 본다.

네 번째는 다원주의다. 이는 상대주의와는 다르다. 상대주의는 어느 것도 절대적인 진리가 될 수 없으므로 모든 진리가 나름대로 의미가 있다는 식의 주장이다. 히틀러의 유대인 학살도 상대주의적 관점에서 보면 합리화될 수 있어 진리 상대주의는 매우 위험하다. 하지만 다원주의는 다양한 관점으로 진리를 찾아가는 것을 말한다. 진리를 찾아가는 길이 하나가 아니라는 것이다.

이러한 프래그머티즘은 이후 듀이[John Dewey](1859~1952), 로티[Richard Rorty](1931~2007) 등으로 이어져오다 여러 한계에 직면하면서 지금은 분석철학으로 바뀌어 연구되고 있으나 미국 사회의 중심 사상으로서 위치는 흔들림이 없다.

참고로 프래그머티즘이 직면한 한계는 이렇다. 프래그머티즘은 전쟁은 해서는 안 된다거나 만인의 인권은 존중돼야 한다는 것을 진리로 받아들이지 않는다. 그 결과 베트남 전쟁, 이라크 전쟁과 같은 참상을 불러왔다. 또 미국 남부에서의 흑인 문제가 1960년대까지도 해결되지 않았으며 21세기 들어서도 흑인에 대한 공권력 남용이 지속되는 문제를 초래하고 있다.

프래그머티즘과 실학

실학과 프래그머티즘은 얼핏 보면 많이 유사한 듯하지만 실상은 그렇지가 않다. 프래그머티즘은 앵글로색슨 계통의 철학인 경험주의, 합리주의를 이어받고 실용을 추가하여 후발 국가인 미국에 적합한 진리를 만들어간다는 의도가 있었다. 반면에 실학은 기존 사상인 성리학을 통치 철학이 아닌 사회개혁사상으로 활용한 것인데, 성리학은 철학으로 따지면 플라톤과 독일의 관념주의 철학에 가깝다. 따라서 실학과 프래그머티즘은 철학 면에서 판이한 접근을 하고 있는 셈이다.

앙트러프러너십을 실현하는 데는 정해진 진리가 없다고 생각하는 프래그머티즘도 중요하지만, 진리 즉 이가 존재한다고 보아 이를 실천으로 옮기려 하는 실학 또한 그에 못지않게 중요할 수 있다. 슬프게도 오늘날 우리에겐 프래그머티즘도 실학도 찾을 길이 없다. 그 자리에 돈과 권력 그리고 어설픈 이데올로기가 자리 잡고 있을 따름이다.

성리학이 망국의 원인 제공자로 폄하되자 실학 또한 한 묶음으로 창고 속에 처박히는 운명이 되었다. 식민사관이 드리운 어두움이 얼마나 큰지를 절감한다. 이를 앙트러프러너십으로 복원할 필요가 있기에 여기서 살펴보았다.

한국 기업인의 앙트러프러너십

누구를 대상으로?

수많은 기업인들 중 누구를 대상으로 앙트러프러너십을 논할 것인지가 문제다. 여러 기준이 있겠지만 오늘날 한국 경제의 두 축을 이루고 있는 삼성그룹과 현대자동차그룹의 창업자인 호암 이병철과 아산 정주영을 포함시키는 것에 망설임은 없었다. 하지만 또 다른 기준, 예를 들어 새로운 시도를 하여 실패했으나 지금 보면 큰 의미를 갖는 기업인인 주산 김우중을 포함시키는 데는 약간의 망설임이 있었다.

이들 세 사람의 앙트러프러너십을 두 단계로 나누어 접근한다. 먼저 각자의 생애 및 사업과 경영을 간단히 정리하고 그다음 파토스, 로고스, 에토스 세 측면에서 이들의 앙트러프러너십을 논하려 한다. 이미 유명을 달리한 호암과 아산에 대해서는 부담감 적게 말할 수 있지만 생존해 있는 주산 김우중에 대해 말하기는 매우 조심스럽다.

사람에 대한 분석에는 주관이 개입되기 마련이라 무리가 따를 수 있다. 다소 무리가 있더라도 학문적 논의이고 분석일 뿐이라는 사실을 이해해주기 바란다.

호암의 생애, 사업과 경영

호암의 생애

호암 이병철(1910~1987)에 대한 연구는 많이 나와 있어 여기서는 간단히 다루려 한다.[1] 호암은 경남 의령에서 이찬우의 2남 2녀 중 막내로 태어났다. 한학을 공부하다 1919년 고향에서 멀지 않는 지수보통학교 3학년에 편입하여 잠시 공부하다 그해 바로 서울 종로에 있는 수송보통학교로 전학한다.

그 후 수송보통학교 근처에 있는 중동학교를 다녔으며 재학 중인 17세에 결혼을 한다. 1930년에 일본 와세다 대학 전문부 정경학과에 입학하나 심한 각기병으로 중도에 학업을 포기하고 귀국한다. 호암의 교육은 일제강점기 지주계급 자녀들의 교육과정에서 크게 벗어나지 않은 것으로 볼 수 있다.

일제강점기는 남녀관계가 복잡한 시대였던 것으로 알려져 있다. 이는 허무주의와 자유연애의 영향이었는데 한국 최초의 소프라노 가수인 윤심덕이 부른 「사의 찬미」란 대중가요가 이때의 청년 사상을 잘 말해준다. 이런 시대 조류에도 호암은 종교적이라 할 정도로 처신이 진중해서 3세 연상인 부인 박두을 여사와 매우 원만한 관계였던 것으로 알려져 있다.

알려진 바와 같이 호암은 장자 상속이 아닌 적자 상속으로 셋째 아들 이건희에게 가업을 승계하여 오늘의 삼성그룹으로 성장했다.

호암의 생애를 추적하면서 매우 흥미로웠던 점은 죽기 전의 행보이다. 종교적 질문 24개를 차동엽 신부에게 한 것으로 알려져 있어 호암의 내면을 엿볼 수 있다. 이는 철학자 김용규 박사가 『백만장자의 마지막 질문』이라는 책으로 출판하여 세상에 알려졌다.[2] 참고로 몇 가지 질문을 인용한다.

1. 신의 존재를 어떻게 증명할 수 있나? 신은 왜 자신의 존재

를 똑똑히 드러내 보이지 않는가?

2. 신은 우주만물의 창조주라는데 무엇으로 증명할 수 있는 가?

3. 생물학자들은 인간도 오랜 진화 과정의 산물이라고 하는데, 신의 인간 창조와 어떻게 다른가? 인간이나 생물도 진화의 산물 아닌가?

4. 언젠가 생명의 합성, 무병장수의 시대도 가능할 것 같다. 이처럼 과학이 끝없이 발달하면 신의 존재도 부인되는 것이 아닌가?

5. 신이 인간을 사랑했다면 왜 고통과 불행과 죽음을 주었는가?

호암의 사업과 경영

호암은 일본에서 돌아온 후 대구에서 정미소를 시작으로 사업의 길에 들어선다. 정미소는 일제의 쌀 통제로 한계가 있음을 직감하고서 접고 오늘날 삼성물산의 전신인 삼성상회를 설립한다. 하지만 본격적인 사업은 한국전쟁 후에 전개되는데 1953년 제일제당, 1954년 제일모직 등을 창업하여 훗날 삼성그룹과 CJ그룹의 모태가 된다. 흥미로운 점은 대부분의 사업이 소비재 중심으로 구성되었다는 것인데, 이것이 흔히들 호암의 앙트러프러너십을 '지지 않는 경영'으로 요약해서 말하는 이유가 된다.

경영에서는 일본 기업의 핵심 역량인 기술을 벤치마킹하여 경쟁력을 마련했으며 인재와 시스템을 중요하게 생각한 것으로 알려져 있다. 인재관 또한 특이한데 쓰기 전후에 의심하고 철저한 보상 시스템을 도입한 것으로 알려져 있다. 경영 이론에서는 이를 거래적 리더십이라고 한다.

호암의 경영에서 가장 주목해야 할 점은 노조를 인정하지 않는 것이다. 이는 호암이 이데올로기를 경영에서 배제해야 할 사회사상으로 보았음을 짐작하게 한다. 아산 정주영과 크게 대비되는 면이라 앙트러프러너십을 논의할 때 매우 주목할 부분이다.

호암의 고향인 경남 의령에서는 전설 같은 이야기가 전한다. 의령을 휘돌아 지나가는 남강 물줄기의 한중간에 다리가 셋인 바위(일명 솟바위)가 있어 조선의 거부 세 사람이 출생한다는 풍수지리 예언이 전래되어오는데, 우연이겠지만 거부 세 사람이 이곳에서 태어났다. 호암을 비롯하여 구인회 엘지그룹 창업자, 조홍제 효성그룹 창업자가 그들이다.

호암의 앙트러프러너십

호암의 앙트러프러너십을 논의하기 전에 한 가지 짚고 넘어간다. 흔히들 호암을 '돈병철'이라 하는데 돈을 이 나라에서 가장 많이 번 것은 사실이다. 하지만 호암이 돈을 벌기 위해 수단과 방법을 가리지 않고 사업과 경영을 했다고 폄하해버리면 우리는 한국 최고의 기업인을 땅 속에 묻어버리고 미국 기업인, 일본 기업인을 본받아야 할 사람으로 거론할 수밖에 없다. 호암이 사업을 하는 과정에서 야기한 파행이 없지는 않지만 호암의 앙트러프러너십을 철학의 눈으로 다시 정리하여 우리의 자산으로 삼으려 한다.

호암의 파토스 : 오디세우스적 용기

파토스는 정념으로 사랑, 행복, 아름다움, 자유 등 다양하게 말할 수 있으나 이 책에서는 용기로 한정했다. 앞에서 그리스 시대 자유인으로서의 용기, 비극에서 말하는 용기, 문학작품에서 말하는 용기 등으로 나누어 설명했다.

호암은 그리스 시대 자유인으로서의 용기를 가진 것으로 볼 수 있다. 구체적으로 페르시아 전쟁에서 보인 스파르타인의 용기가 아니라 호메로스가 서사시 『오디세이아』를 통해 말하는 용기이다. 이 작품은 트로이 전쟁을 마치고 부인 페넬로페가 기다리는 고향 이타카로 돌아오는 오디세우스의 여정을 담고 있다. 오디세우스가 귀향하는 10년 동안 수많은 유혹을 뿌리치는 이야기와 부인 페넬로페가 여러 구혼자들의 유혹을 물리치고 남편의 무사귀환을 굳게 믿고 기지를 발휘하는 이야기가 주된 내용이다.

호메로스가 『오디세이아』를 통해 말하는 자유인으로서의 용기는 유혹을 뿌리치는 명예이다. 호암 또한 사회적·정치적 유혹이 많았을 것으로 짐작되지만 사업가로서의 위치를 굳건히 지켜냈다. 그런 점에서 『오디세이아』에서 호메로스가 말하는 용기를 가진 것으로 볼 수 있으므로 호암의 파토스를 오디세우스적 용기라고 한다.

호암의 로고스 : 과학적 인식론과 비즈니스상상력

앙트러프러너십에서 로고스는 진리를 따져 묻는 과학적 인식론과 새로운 개념을 그리려는 비즈니스상상력으로 정리되는데, 호암은 사업에서는 비즈니스상상력이 뛰어났고 말년에는 종교적 질문을 던져 과학적 인식론을 가진 것으로 볼 수 있다. 특히 설탕, 섬유 등 소비재 위주로 사업을 구축한 것은 호암이 국내 시장 중심으로 사업 개념을 구축한 것으로 짐작된다. 이후 전자, 반도체 등으로 사업을 다각화하여 미래 중심 및 세계 시장 중심으로 사업 개념을 확장한 것으로 볼 수 있다. 따라서 소비재 중심의 비즈니스상상력이 호암을 최고의 사업가 반열에 오르게 한 로고스라고 할 수 있다.

또한 말년에 24가지 종교적 질문을 한 것은 '의문하는' 과학적 인식론으로 진리를 찾아가는 자세를 보인 것으로 짐작할 수 있다. 인생의 허망함을 깨닫고 종교적 귀의를 한 것이 아니라 철저히 '의문하는' 과학적 인식론을 죽음 앞에서도 놓지 않았다고 해야 할 것이다. 생애 마지막까지도 강한 로고스적 의문, 즉 진리에 대한 강한 의문을 가진 것으로 보인다. 따라서 호암은 죽음 앞에서도 앙트러프러너십을 흩트리지 않은 것으로 봐야 할 것이다.

하지만 철학자 김용규 박사는 『구약성경』「전도서」(1장 2~8절)에 나오는 이스라엘 제3대 왕 솔로몬의 말을 인용하면서 호암의 내면 성찰을 말하고 있어 다른 견해를 보인다.

헛되고 헛되며 헛되고 헛되니 모든 것이 헛되도다. 해 아래에서 수고하는 모든 수고가 사람에게 무엇이 유익한가. 한 세대는 가고 한 세대는 오되 땅은 영원히 있도다. 해는 뜨고 해는 지되 그 떴던 곳으로 빨리 돌아가고 바람은 남으로 불다가 북으로 돌아가며 이리 돌며 저리 돌아 바람은 불던 곳으로 돌아가고 모든 강물은 다 바다로 흐르되 바다를 채우지 못하며 강물은 어느 곳으로 흐르든지 그리로 연하여 흐르느니라. 모든 만물이 피곤하다는 것을 사람이 말로 다 할 수는 없나니 눈은 보아도 족함이 없고 귀는 들어도 가득 차지 아니 하도다.

호암의 에토스 : 프래그머티즘

에토스는 문화, 신화, 이데올로기, 도덕과 윤리, 사회사상 등인데, 이 책에서는 사업가로서의 에토스는 신화와 사회사상으로 한정했고 사회사상은 프래그머티즘과 실학으로 나누었기 때문에 부분적 논의밖에 할 수가 없다. 호암의 경영을 들여다보면 신화와 프래그머티즘, 실학 중 프래그머티즘 색채를 엿볼 수 있다.

우리는 호암이 일본의 경영 방식을 도입한 것으로 생각하지만 분석해보면 미국 사상에 근거한 미국 경영 방식에 더 가깝다. 특히 프래그머티즘의 구현인 포디즘 색채가 농후하다. 수요가 많은 소비재를 대량생산하여 가격을 낮추어 대중화시키고 임금 또한 업계 최고로 주어 노동 착취라는 비난을 넘어서려 했다. 결과적으로 노조를 인정하지 않았고 지금도 삼성그룹은 그 전통을 고수하고 있다. 다만 포디즘에서 중시하는 노동자의 휴가는 도입하지 않은 것으로 보아 포디즘을 완전히 이해한 것으로 보기는 어렵다.

덧붙여 '관리의 삼성'이라는 표현이 있을 정도로 조직 구조와 시스템을 중요하게 생각한 것 또한 프래그머티즘으로 볼 수 있어 호암은 일본식 경영을 프래그머티즘으로 재해석하여 경영 철학으로 삼은 것으로 여겨진다.

아산의 앙트러프러너십

아산의 생애[3]

아산 정주영은 지금은 북한 땅이 된 강원도 통천에서 아버지 정봉식의 6남 2녀 중 장남으로 태어나 1930년에 송전소학교를 졸업한 것이 교육의 전부다. 빈농으로 알려져 있지만 그 당시 소학교를 졸업할 정도면 먹고사는 데 지장이 없는 정도의 토지를 가진 것으로 짐작되며 소학교를 다녔다는 것은 부모가 깨어 있었다는 증거이기도 하다. 따라서 철저한 빈농 출신의 한국 최고 사업가로 알려진 것은 일종의 신화 만들기의 과장이라고 본다.

아산은 욕망을 그대로 표출한 사람으로 알려져 있는데 구체적으로 거론할 필요는 없으리라 생각한다. 특히 통일국민당이란 당을 만들어 대통령을 하려 한 것은 욕망 표출의 압권이다. 아산 또한 호암과 마찬 가지로 적자 상속을 했으나 결국은 장자인 정몽구가 현대자동차그룹을 성장시켜 실질적으로 장자 상속이 된 셈이다.

호암이 사망 전에 종교적 의문을 가진 데 반해 아산은 고향에 소를 몰고 가는 이벤트를 할 정도로 마지막까지 기업가로서 충실했다. 1998년 6월에 통일소 1,001마리를 1, 2차로 나누어 판문점을 거쳐 북쪽에 전달하고 금강산관광사업을 시작하는 계기를 마련한 것이 소 이벤트이다.

아산의 사업과 경영

아산은 처음 미곡상 경일상회를 설립하여 쌀장사를 시작했다. 호암이 정미소를 한 것이나 아산이 미곡상을 한 것이나 당시 산업이 일천하던 식민지 상황에서 누구나 생각할 수 있는 사업으로 출발한 것은 매한가지이다. 하지만 그다음이 완전히 다른데, 아산은 일본인이 운영하던 아도서비스라는 자동차정비회사를 1940년에 인수하여 이를 기반으로 1946년 현대자동차를 설립한다. 그 다음 해에 현대건설의 전신인 현대토건을 설립한다. 이후 아산은 중공업과 건설 등 산업재 중심의 비즈니스를 주로 하여 삼성과는 다른 길을 걷는다.

아산의 경영은 자생적 개척 정신이라고 부르기에 적합한 정도로 특이했는데, 동전에 그려진 거북선과 조선소 땅을 찍은 사진을 들고 배를 팔아 그 돈으로 조선소를 만든 에피소드는 신화처럼 전해지고 있다. 따라서 아산의 경영을 '이기는 경영'이라고 한다. 또한 직원들과 함께 막걸리를 마시고 씨름을 하는 등 관계적 리더십을 발휘한 것으로도 유명하다.

아산의 앙트러프러너십

아산의 파토스 : 아킬레우스적 분노

호메로스는 『일리아스』와 『오디세이아』 두 서사시를 통해 그리스인들에게 자유인으로서 갖춰야 할 덕목을 이야기했음을 앞에서 살펴보았다. 그중 『일리아스』는 아킬레우스를 중심으로 헥토르, 프리아모스를 통해 자유인으로서의 덕목인 용기를 말하고 있다. 하지만 헥토르와 프리아모스를 통해 말하는 용기라는 덕목은 아산에게는 어울리지 않는다. 그보다는 아킬레우스가 보여주는 분노가 아산에게는 더 어울리는 정념, 즉 파토스이다.

『일리아스』는 그리스군과 트로이군이 그리스 최고 미인 헬레네를 두고 벌이는 트로이 전쟁을 소재로 한 서사시이다. 이 작품에서 아킬레우스의 분노는 두 번 나온다. 처음 분노는 그리스 연합군 총사령관인 아가멤논 때문에 야기된다. 아가멤논은 전쟁으로 뺏은 크리세이스라는 소녀를 그녀의 아버지인 트로이 사제에게 부득이 돌려주게 된다. 그러자 아가멤논은 아킬레우스 소유의 브리세이스라는 노예 소녀를 빼앗는다. 이에 아킬레우스는 극도로 분노한다.

용맹함에서 그리스군 최고였던 아킬레우스 입장에서 볼 때 아가멤논의 행위는 오만한 짓이며, 따라서 결코 용서할 수 없는 짓이다. 그래서 칼을 빼서 아가멤논을 순식간에 제거하려 했으나 아테나 여신이 말리는 바람에 분노를 삭이면서 전쟁 참여를 거부하는 것으로 대신한다. 아킬레우스가 없는 그리스군은 트로이군의 적수가 되지 못해 수많은 사상자를 내고 전쟁은 교착상태에 빠져든다.

다음은 파트로클로스의 죽음으로 인한 분노이다. 전쟁이 교착상태에 빠지자 아킬레우스의 동성 애인인 사병 신분의 파트로클로스가 아킬레우스의 갑옷을 입고 전투에 나서나 트로이 왕자 헥토르의 칼에 죽고 만다. 이로 인해 분노한 아킬레우스는 다시 전투에 나서고 헥토르를 죽인다. 아킬레우스의 분노를 잠깐 살펴보면 다음과 같다.[6]

파트로클로스여, 내 이제 그대를 따라 지하로 갈 것이네. 허나 기상이 늠름한 그대를 죽인 헥토르의 무구들과 머리를 이리 가져오기 전에는 내 그대의 장례를 치르지 않을 것이네. 그리고 그대를 화장할 장작더미 앞에서 트로이아의 빼어난 자제 열두 명의 목을 벨 것이네. 그대의 죽음이 나를 크게 분노하게 만들었기에.

아산은 말년에 통일국민당이라는 정당을 만들어 아가멤논에 해당하는 기성 정치권에 도전장을 던졌는데 이 행위가 아킬레우스의 분노와 매우 유사하다. 또한 부하 직원들과 나눈 스킨십에 가까운 친목은 아킬레우스와 파트로클로스의 관계와 유사하다. 부하 직원을 인간적으로 대접하고 직원들은 회사에 대한 충성으로 답한 것이다.

이처럼 아산의 파토스는 분노이고 이를 가장 잘 대변해 보여주는 인물이 아킬레우스이다. 따라서 아산의 파토스는 아킬레우스적 분노라고 할 수 있다.

아산의 로고스 : 비즈니스상상력

아산의 로고스 또한 호암과 마찬가지로 비즈니스상상력이다. 하지만 두 사람이 미래의 이미지를 그려내는 방식은 매우 다르다. 아산은 산업재 중심으로 호암은 소비재 중심으로 사업 이미지를 그려낸다. 왜 이런 차이가 생겼을까? 두 사람의 성격인가? 아니면 의지인가?

앞에서 기업가는 태어나는가 아니면 길러지는가 하는 문제를 논했다. 그러면서 태어나거나 길러지기보다는 티모스, 즉 기개나 기백, 자유의지 등이 더 중요함을 강조했다. 아산과 호암의 출신 배경과 교육 배경이 달랐기 때문에 두 사람의 사업 구성 역시 달랐던 것으로 보는 견해도 있을 수 있다. 그렇다고 두 사람의 티모스가 다르다고 보기는 어렵다. 두 사람이 거의 대등하게 한국의 최고 사업가이기 때문이다.

그렇다면 비즈니스상상력 차이를 가져온 요인은 무엇일까? 핵심은 첫 사업이다. 첫 사업을 무엇으로 성공하는지에 따라 이후 비즈니스상상력이 달라진다는 이야기다. 호암은 작은 품목^{small item}으로 출발하여 그에 맞는 앙트러프러너십을 보인 것이고 아산은 큰 품목^{big item}으로 시작하여 그에 맞는 앙트러프러너십을 보인 것이다.

그 결과 경영 방식이 판이하게 다르다. 삼성의 경영을 제도나 시스템 경영이라고 하는 데 비해 현대는 그렇지 않다. 건설 현장을 제도나 시스템으로 관리할 때의 성과는 섬유 생산 라인에 비해 크다고 하기 어렵다. 따라서 현대는 몸으로 부딪치고 창조적 실행을 중시하는 경영을 하지 않을 수 없었다. 아산의 경영을 "임자 해봤어?"라는 말로 대변하는 이유가 여기에 있다.

이처럼 첫 사업이 이후 사업과 경영 방식에 영향을 미치는 것은 일종의 앵커 효과^{anchor effect}이다. 그렇다면 앵커가 되는 첫 사업을 어떻게 시작했을까? 철저한 사전 분석을 통해 골랐을까, 아니면 우연히 그리 되었을까? 나중에 보면 필연이고 운명이겠지만 흔히 우연이 첫 사업과 연을 맺게 한다. 따라서 운이란 것을 무시할 수가 없다. 스티브 잡스나 빌 게이츠가 컴퓨터와 정보기술 사업을 시작한 것은 그들이 시대를 예견해서라기보다 고등학교, 대학교를 다닐 때 컴퓨터가 보급되기 시작했기 때문이다. 한국 게임산업을 세계적으로 끌어올린 기업가들도 85학번 동기들이다.

결론은 기업인의 비즈니스상상력은 철저한 분석에서 나오는 것이 아니라 시대와 첫 사업의 성공에 의한 우연에서 비롯된다고 말할 수 있다. 이런 추론은 다윈이 우연성으로 생물의 진화를 설명하는 진화론과도 부합한다.

니체는 우리의 성격, 재능, 가정환경 등을 운명이라고 하며 운명을 사랑하라고 했다. 그가 말하는 운명애는 운명을 승화시키는 것이다. 아산과 호암은 각자 다른 운명으로 태어났지만 두 사람 모두 비즈니스상상력으로 주어진 운명을 승화시켰다.

아산의 에토스 : 신화

기업가의 에토스는 신화와 사회사상이라고 앞서 말했다. 아산은 노조를 인정했으며 그렇다고 프래그머티즘 특징도 보이지 않아 그의 에토스는 자연스럽게 신화에 맞춰진다. 신화는 일종의 변칙범주로 크게는 문화에 속한다. 인간과 신 사이에 천사와 예수라는 변칙범주를 두어 범주 간에 놓인 간극을 메우려 하는 것이 종교이다. 따라서 종교 또한 신화이다.

아산의 사업은 대부분 중공업으로 위험이 크게 따르는 사업이라 기존의 범주와 하늘과 땅만큼은 아니지만 큰 간극에 직면하여 아산은 고민하게 된다. 범주 이동을 하려면 통과의례가 필요한데 아산이 직면했던 통과의례는 이런 것이다. 자금 조달, 시장 확보, 행정 지원, 노동력 확보, 될까 하는 두려움 등.

산처럼 높은 고개를 넘어가려 할 때 우리는 과연 어찌할까? 철저히 계산한 뒤 넘어갈까? 아니면 '일단 가면서 생각하자. 어차피 넘어가야 할 산이니 생각만 하고 있기보다 일단 저지르고 보자'라고 할까? 아산은 후자를 택했다. 산인지 언덕인지 가면서 보고 해결하자는 것이 아산의 경영 스타일이다.

하지만 혼자서 그리 한다고 조직과 정부가 따라온다는 보장이 없다. 그래서 아산이 동원한 방식이 신화 만들기이다. 최초로 국산 자동차 포니를 만든 것은 사업타당성 이전에 신화적 의미가 크며, 거북선 도안이 들어간 지폐와 허허벌판 사진만 달랑 들고 배를 팔러 나간 것은 고도로 의도된 신화 만들기이다. 아산방조제 물막이 공사에 폐선을 활용한 것도 같은 예에 속한다.

이러한 아산의 신화 만들기에 동참하고 뒷배를 지켜준 사람이 바로 대통령 박정희였다. 대통령 또한 아산을 통해 신화 만들기를 하고 있었기 때문에 두 사람의 계산은 맞아 떨어졌던 것이다.

따라서 아산의 에토스는 한 마디로 신화라고 결론지을 수
있다.

주산의 앙트러프러너십

주산의 생애[5]

"실패한 기업가도 기업가인가?"라고 따져 물으면 대답이
좀 궁해지지만 이리 말할 수는 있을 것이다. "실패한 사례가
교훈적 의미가 더 크다"라고. 김우중의 호는 주산宙山이지만
일반적으로 김우중 회장으로 더 많이 불려 익숙하지 않다.
하지만 아산과 호암의 서술 방식에 맞추기 위해 부득이 호
를 찾아 세상에 알린다.

대학 졸업 후 한성실업에서 근무하다가 32세에 대우실업
(자본금 500만 원)을 설립하여 대우그룹이 시작되었다. 1992년
에는 제14대 대통령으로 출마하려다 김영삼 대통령의 만류
로 포기했다. 대우그룹 해체 이후 5년 8개월 간 해외 도피 생
활을 하다가 2005년에 입국하여 고등법원 항소심에서 분식
회계 및 사기 대출, 횡령 및 국외 재산 도피 혐의로 징역 8년
6개월, 벌금 1,000만 원, 추징금 17조 9,253억 원의 형을 구

형받고 항고를 포기하여 형이 확정되었다. 2014년에는 대우 그룹 해체 15주기를 맞아 『아직도 세계는 넓고 할 일은 많다』라는 회고록을 출간한다.

주산의 사업과 경영

32세에 대우실업을 창업했고 창업 5년 만에 100만 달러 수출을 기록하여 세상을 놀라게 했다. 그 후 대한전선 가전사업부(대우전자), 새한자동차(GM) 등을 인수하여 대우를 10대 재벌로까지 육성했다. 그러다 지금도 기억하는 '세계경영'을 1993년에 선포했으며 급속히 성장하여 1998년에는 재계 2위 그룹으로 올라섰다.

하지만 1997년 IMF 외환위기 때 노무라 증권이 발표한 「대우에 비상벨이 울린다」라는 보고서 1장으로 위기가 시작되어 매각, 워크아웃 등 다양한 대응 방안을 강구했으나 그룹이 해체되는 비운을 맞는다.

주산의 경영을 엿보기 위해 대우그룹의 사훈과 세계경영에 대해 알아보자. 그룹의 사훈은 창조, 도전, 희생이다. 창조를 실현하려고 그룹 내 엘리트들을 최우선으로 오지에 파견했다. 도전은 '여기서 성공하면 다른 곳에서도 성공한다!'라는 슬로건에 잘 나타난다. 회사 행사에 희생자를 위한 묵념 시간을 넣어 희생이 헛되지 않음을 보였다.

주산의 세계경영은 두 가지로 나눌 수 있는데 표적 시장을 신흥국으로 한 점과 그곳에서의 경영을 정치와 경제가 조화롭도록 한 것이다. 일반적인 다국적기업은 정치적 위험을 감안하여 신흥국 진출을 꺼렸으나 대우는 오히려 틈새시장으로 활용했다. 신흥국에서의 정치적 위험을 낮추기 위해 먼저 주고 나중에 크게 번다는 50:50 원칙을 적용했다. 이익의 50퍼센트를 해당국의 발전에 돌려주는 일종의 상생 프로그램이다. 그 결과 정치권의 적극적인 지원을 받을 수 있어서 정치와 경제의 조화로운 경영을 잘 실현했다.

주산의 앙트러프러너십

주산의 파토스 : 산티아고의 용기

주산의 파토스를 어떻게 접근할까 고민할 때 제일 먼저 떠오른 것이 비극적 용기이다. 비극적 용기를 다룬 문학작품은 많지만 아무래도 1952년에 출간되어 헤밍웨이가 1954년에 노벨문학상을 받는 데 결정적 역할을 한 작품인 『노인과 바다』가 가장 적합하다는 생각이 들었다. 물론 패배한 기업가라서 그럴 것이다.[6]

산티아고는 『노인과 바다』에 나오는 주인공 노인의 이름이다. 멕시코 만에서 평생을 고기잡이로 늙은 산티아고와 막

어부가 된 마놀린이라는 소년을 통해 헤밍웨이는 우리에게 인생에서 진정한 용기가 무엇인지를 들려준다. 너무 많은 메시지를 전하고 있어 다 설명할 수는 없고 몇 가지만 추려 본다.

그가 말하는 첫 번째 용기는 시시포스적 인내이다. 84일 동안 바다에 나가서 빈 배로 돌아오지만 실망하거나 누굴 탓하지 않는다. 묵묵히 내일을 준비한다. 헤밍웨이는 이렇게 말하고 있다.

두 눈을 제외하면 노인의 것은 하나같이 노쇠해 있었다. 오직 두 눈만은 바다와 똑같은 빛깔을 띠었으며 기운차고 지칠 줄 몰랐다.

그가 말하는 두 번째 용기는 젊은이에 대한 사랑이다. 젊은이에게 더 나은 길을 가게 해주고 돈과 범죄의 유혹에 빠지지 말 것을 권고한다. 84일 동안 허탕을 치고 온 날 소년 마놀린과 나누는 대화 내용을 보자.

"산티아고 할아버지." 소년은 조각배를 끌어올려 놓은 둑으로 올라가면서 노인에게 말했다. "이제 할아버지랑 다시 고기잡이를 할 수 있어요. 우린 돈을 좀 벌었거든요." 노인은 소년에게 고기 잡는 법을 가르쳐주었고 그래서 소년은 그를 무척이나 따랐다. "그건 안 돼. 네가 타는 배는 운이 좋은 배야. 그러니 그 사람들하고 같이 있어라." 노인이 말했다.

세 번째는 자기가 하는 일에 대한 애정이다. 바다에서 평생을 고기잡이로 늙어 노인이 되었지만 힘겹게 살면서도 산티아고는 바다를 어머니로 생각한다.

노인은 바다를 늘 '라 마르'라고 생각했는데, 이는 이곳 사람들이 애칭으로 바다를 부를 때 사용하는 스페인 말이었다. (……) 젊은 어부들 가운데 몇몇, 낚싯줄에 찌 대신 부표를 사용하고 상어 간을 팔아 번 큰돈으로 모터보트를 사들인 부류들은 바다를 '엘 마르'라고 남성형으로 부르기도 했다. 바다를 두고 경쟁자, 일터, 심지어 적대자인 것처럼 불렀다.

네 번째는 아래에 인용한 구절이다. 『노인과 바다』에서 가장 많이 인용되는 문장인데 자기가 탄 배보다 더 큰 5.5미터 길이의 청새치와 3일에 걸친 투쟁을 하면서 산티아고 노인이 하는 독백이다.

"인간은 패배하도록 창조된 게 아니야." 그가 말했다. "인간은 파멸당할 수 있을지는 몰라도 패배할 수는 없어."

파멸은 패배의 결과로 볼 수 있지만 여기서 헤밍웨이는
물질적 승리와 정신적 승리를 엄밀히 구분 짓는다. 즉 파멸
은 물질적·육체적 가치와 관련된 반면, 패배는 어디까지나
정신적 가치와 관련된다. 산티아고는 결과보다는 과정, 목표
보다는 수단과 방법에 무게를 싣는 인물이다. 죽음을 숙명처
럼 안고 살아가는 인간에게 삶이란 어쩔 수 없이 '승산 없는
투쟁'일지 모른다. 패배할 수밖에 없는 싸움이 곧 인간 실존
이다. 그러나 여기서 중요한 것은 그러한 패배를 좀처럼 인
정하지 않고 자신의 목표를 향해 나아가는 백절불굴의 정신
이다.

주산의 로고스 : 과학적 인식론

주산이 사업을 시작한 1968년 당시는 내수를 기반으로 생
산 위주의 수출을 하던 OEM 시대였다. 저임금의 노동 자원
을 이용하여 섬유산업에 진출하여 수출신용장을 받아 자금
을 융통하던 시절이었다. 이러한 기존의 사업 패러다임과는
달리 주산은 수출이 아닌 해외직접투자라는 새로운 방식을
사용했다.

따라서 주산이 기업인으로서 가진 로고스는 과학적 인식

론이라고 말할 수 있다. 과학적 인식론은 베이컨의 경험주의, 칼 포퍼의 반증주의, 토마스 쿤의 패러다임 시프트로 나뉜다.

먼저 그가 행한 경영 행위를 보면 프랜시스 베이컨이 말한 4가지 우상을 뛰어넘는 전략, 즉 우리나라 기업이나 선진국 기업이 과거 경험한 것을 우상으로 보고 이를 넘어서는 전략을 구사한 것으로 보인다. 그다음이 칼 포퍼의 반증주의다. 기존 이론을 반복 입증하는 것이 아니라 예외적인 현상을 파악하고 이를 이론으로 만들어 검증하는 것이 반증주의인데, 세계경영은 이러한 반증주의의 예라고 할 수 있다. 드디어 그는 쿤의 패러다임 시프트까지 넘본 것으로 볼 수 있다. 패러다임 시프트는 자연과학에서 일거에 논리가 바뀌어 과거 논리가 오류가 되는 것을 말하는데 지동설로 인해 천동설이 일거에 거짓으로 판명된 것이 예다. 주산은 세계경영을 통해 국내뿐 아니라 세계 최고의 기업으로 도약하려 했다.

요컨대 주산은 베이컨의 4대 우상에서 벗어나려 했고, 포퍼의 반증주의를 신봉했으며, 드디어 쿤의 패러다임 개념을 경영에 도입하여 새로운 경영을 펼치려 했다. 말하기 조심스럽지만 주산의 매제가 서울대학교 경영대학 교수로 재직하면서 자문을 했는데 물리학과 문학에 조예가 깊은 그 교수가 신봉한 인식론이 패러다임 시프트인 것으로 기억된다.

대우그룹은 IMF 외환위기 이후 김대중 정부로부터 소외되어 결국 해체되기에 이르는데, 그 이유는 에토스의 부재라고 본다. 주산의 에토스를 설명하려다 보니 이런 생각이 든다. 과학적 인식론이 과연 사업에서 통할까? 다음으로 주산은 기존의 패러다임과 다른 패러다임의 사업 방식을 도입하면서 어떤 신화나 사상을 가졌을까? 하는 생각이 떠오른다.

아산과 호암이 중공업과 경공업을 시작하여 성공한 것이 비즈니스상상력의 출발이었다고 말했다. 하지만 주산은 대우실업 성공을 비즈니스상상력으로 이어간 것이 아니라 패러다임을 바꾸는 시도를 했다. 수출이 아닌 해외직접투자, 세계경영 등 분명 기존의 사업 방식과는 판이하게 다른 시도를 한 것이라 패러다임 시프트라고 할 수 있다.

문제는 여기에 있다. 앞에서 아산은 기존의 범주와 많이 다른 중공업이란 새로운 범주를 사업으로 정하고 간극이 큼을 알았다. 간극이 큰 만큼 통과의례로서 신화의 중요성을 알았고 신화를 잘 활용했다.

주산이 행한 세계경영은 더 큰 간극이 존재하는 새로운 범주인데도 그는 신화의 중요성을 알아채지 못한 것으로 보인다. 따라서 에토스의 부재가 실패를 불러왔다고 말할 수 있다. 물론 그가 전혀 신화의 중요성을 눈치 채지 못한 것은 아니다. 현지 국가의 정치권과 밀착하여 신화 만들기를 한 것으로 알려져 있지만 그것이 국내 신화로 의미를 갖기엔 IMF 이후 한국 정치권은 너무나 다급했다. 돈을 꾸어준 IMF에서는 기업 워크아웃을 요구하고 있었고 이를 막아낼 힘이 당시 정권에는 없었다.

결국 이렇게 본다면 기업가의 로고스와 파토스는 성공의 길을 열지만 실패는 에토스에서 온다고 볼 수 있다. 요즈음 그룹의 회장들이 줄줄이 감옥으로 들어가는 기사를 보면서 에토스의 중요성을 새삼 되새겨본다.

세종의 앙트러프러너십

왜 세종인가?

군주로서, 대통령으로서, 정치가로서 모범이 되는 앙트러프러너십을 보여준 선각자는 많다. 세종^{世宗}과 정조^{正祖} 등의 군주, 정도전을 비롯한 개혁가, 세계사적 흐름을 전향적으로 받아들이려 한 실학자들 등 역사 속에서 우리는 좋은 사례를 많이 가지고 있다. 또한 건국 대통령인 이승만과 경제부흥기의 박정희 대통령도 예외가 되어서는 안 될 것이다. 여기서 이들 중 하필 세종을 우리가 공유해야 할 최고의 기업가로 꼽은 이유가 있다.

첫째, 조선의 건국과 세종의 재위 당시는 세계적인 변혁기였다. 중세라는 긴 터널이 끝나고 르네상스를 기점으로 근대를 맞이한 세계사적 전환기였다. 중세가 종교의 시대였다면 르네상스를 출발점으로 한 근대는 인간 중심의 시대, 이른바 근대정신 즉 인간 이성이 존중되는 시대로 과학의 발달과 농업 중심에서 상업 및 공업 중심으로 산업이 이동해 가는 초기 단계였다. 그 결과 강력한 중앙집권 국가가 나타나 각 나라에서 커다란 정치적 변화가 일어났다. 유럽은 말할 것도 없고 중국은 원나라가 망하고 명나라가 들어섰으며 우리나라는 조선이 들어섰던 것이다. 세종은 이러한 세계사적 시대 변화를 적극 수용한 군주이다.

둘째, 즉위 당시 건국 26년째로 인구가 550만 명에서 660만 명으로 증가하여 이를 지원할 수 있는 생산 기반이 부족한 실정이었다. 농업, 어업, 상공업, 무역업 등이 제 기능을 다하지 못해 백성들의 생활이 매우 궁핍했다. 또한 도로 등 경제활동에 필요한 인프라가 매우 열악하여 생산물이 산지에서 소비지로 유통되지 못해 불균형이 생기는 문제가 심각했다. 거기다 즉위 7년 가까이 가뭄에 시달렸고 이후로도 여러 자연재해로 국정 운영에 혼선을 빚었다. 즉위 후 직면한 이러한 경제적 어려움을 재위 12년 차를 기점으로 극복하여 이후 안정기에 접어들었다. 그 후로는 심각한 가뭄에도 아사자餓死者가 거의 발생하지 않았다. 세종은 즉위 이후 조선이 직면한 경제적 어려움을 제대로 보고 극복한 군주이다,

셋째, 세종은 경제적으로 안정기에 접어들자 문화에 눈을 돌려 음악을 장려했고 말년에는 드디어 세계 최고 문자 중 하나인 한글을 창제했다. 이는 백성들이 무지해서는 생산성을 높일 수 없다는 혜안에서 시작되어 주도면밀하게 준비하고 접근한 최고의 업적이다. 세종은 문화의 중요성을 인지한 군주이다.

세종의 생애와 업적[1,2]

세종의 생애

세종은 1397년 4월 10일 태종과 원경왕후 민씨 사이에 셋째 아들로 태어나 1450년 2월 17일 55세 나이로 서거하여 경기도 여주 영릉에 묻혔다. 부인은 6명이고 자녀는 18남 4녀를 두었으며 특히 소현왕후 심씨 사이에 8남 2녀를 두어 조선 왕 중에서 다산으로 유명하다. 이름은 도裪, 자는 원정元正이다. 1418년 6월 폐위된 양녕 대신 왕세자에 책봉되고 그해 8월에 양위를 받아 조선 제4대 국왕에 즉위했다. 천성이 부지런하고 책을 좋아했는데 새벽 2시에 기상하여 아침 조

회, 윤대, 경연 등 하루 일정을 빡빡하게 소화한 것으로 알려져 있다. 예능에 뛰어나 악기를 잘 다루었고 작곡도 했다. 하지만 건강은 언제나 말썽이었는데 젊어서부터 다리가 아팠고 여러 질병에 시달렸다. 등의 부종, 눈병, 소갈증 등을 달고 살았으며 특히 30세 이후에는 그 정도가 심했다고 한다.

세종의 정치경제적 업적

늘어난 인구를 감당할 식량 증산을 위해 기술 개발과 제도 개혁을 단행했다. 농서인『농사직설』과 역법서인『칠정산 내외편』을 펴내고 측우기, 해시계, 물시계 등을 만들어 농사를 시간에 맞게, 생산성이 높은 농법으로 짓게 유도했다. 또한 세제 개혁을 단행하여 관리의 판단에 따라 세금을 매기는 방식에서 수확량의 10분의 1에 세금을 매기는 방식으로 바꾸었는데, 이는 관리들의 전횡을 막기 위해서였다. 또한 왕의 업무를 줄이기 위해 정부 조직을 육조직계제六曹直啓制에서 의정부서사제議政府署事制로 바꾸었다. 이는 왕이 의정부에 권한을 위임하는 정치조직 개혁이다. 또한 상공업 진작을 위해 물물교환의 문제점을 극복하고자 지전과 동전을 발행하는 화폐개혁을 단행하기도 했다.

한편 인재 개발 및 인재 등용을 위해 집현전을 확충했고 향교를 늘려 교육 기회를 높였고 사가독서제賜暇讀書制(일종의 안식년)를 두어 관리들에게 연구에 전념하도록 했다. 흥미로운 사실은 황희와 맹사성이란 성격이 뚜렷이 다른 두 사람을 중용했는데, 황희는 분명하고 정확하고 강직한 성격이었고 맹사성은 어질고 부드럽고 섬세한 성격이었다. 하지만 후세에 알려진 것처럼 청렴결백한 정승은 아니었던 것으로 평가된다.

세종의 사회적 업적

이 부분은 특히 흥미로운데 사회 개혁과 대외 정책으로 나눌 수 있다. 사회 개혁은 출산휴가제의 강화와 의료제도의 개선이다. 생산의 주축인 관노비의 출산휴가를 7일에서 100일로 연장했고 출산 1개월 전부터 관노의 복무를 면하게 했으며 남편에게도 30일의 휴가를 주었다. 또한 의녀제도를 도입하여 의녀를 양성하여 여성들의 수명 연장에 크게 기여했으며 의서인 『향약집성방』과 『의방유취』를 편찬하여 의료 및 약의 보급에 힘썼다.

한편 이종무를 파견하여 늘 말썽이던 왜구의 소굴인 대마도를 정벌했으며 북쪽으로는 최윤덕, 김종서로 하여금 6진을 개척하게 하여 국토의 경계를 정했다.

훈민정음 창제, 반대, 그리고 보급

훈민정음의 창제[3]

세종의 문화 업적으로 세계사에 빛나는 훈민정음訓民正音 창제는 이미 널리 알려진 내용이라 간단히 소개하는 정도로 그친다. 다만 혁신을 누가 하고 그 반대에 어떻게 대처했으며 보급을 어떻게 했는지를 중심으로 정리한다. '백성을 가르치는 좋은 소리글자'라는 의미의 훈민정음(지금은 한글이라 부른다)은 1443년 12월 30일 조정회의에서 처음 알려진다. 『조선왕조실록』에 다음과 같은 내용이 실려 있다.

이 달에 임금이 언문 28자를 친히 만들었다. 그 글자 모양은 옛 글자인 전자篆字를 모방했고 초성, 중성, 종성으로 나누어지는데, 그것을 합쳐야만 글자가 이루어지며 한자나 우리말과 관련된 모든 것을 다 쓸 수 있다. 글자는 간단하지만 마음대로 바꿔 쓸 수 있다. 이를 훈민정음이라고 한다.

훈민정음을 누가 만들었는지를 두고 의견이 분분하지만 세종이 중심이 되어 세자인 문종과 뛰어난 재주를 갖춘 정의공주, 그리고 집현전 학자들의 도움으로 창제된 것으로 보고 있다. 이처럼 집권 후반기에 세종은 문종에게 업무를 주로 맡기고 문자 창제에 몰두했다. 가족과 극소수 젊은 학자들만 활용한 것은 기존 세력의 반발을 염려했기 때문으로 볼 수 있다.

훈민정음 반대

1443년 연말에 갑자기 훈민정음 창제 소식이 알려지자 대신들은 문자 창제가 갖는 의미를 파악하지 못해 우왕좌왕하다가 1444년 2월 20일 집현전 부제학인 최만리의 반대 상소가 올라온다. 최만리의 반대 상소 내용을 요약하면 이렇다.

- 시대에 어긋나고 오랑캐가 되려 한다.
- 이두를 잘 쓰고 있는데 무엇 때문에 쓸데없는 것을 만드는가?
- 학문에 도움이 되지 않는다.
- 어차피 사람이 문제이지 문자가 문제인가?

최만리의 반대 상소를 소개하는 이유는 그 당시 지배계층의 심중을 잘 반영하고 있기 때문이다. 이 반대 상소에 대한 세종의 대처는 유명한데, 모두 일리 있음을 인정하고 최만리를 오히려 승진시킨 것으로 알려져 있다. 세종은 지배계층의 이익보다는 백성의 입장에 서서 훈민정음을 창제한 것이다.

훈민정음의 준비와 반포

창제를 했으나 반포는 2년이 지나서 하는데, 그동안 해설서, 즉 해례본을 만들기 위해 노력했다. 해설서 집필을 위해 소리 연구서인 운회韻會의 번역을 최항, 박팽년, 신숙주, 이선로, 이개, 강희안 등에게 명했고 세자와 안평이 감독하도록 했다(1444. 2. 16~1444. 2. 20). 또한 명나라 음운학자 황찬이 요동에 유배되어 오자 신숙주와 성삼문 등을 18번이나 보내 자문을 구하고 『훈민정음해례본』을 완성했다. 창제 후 2년 9개월의 준비 끝에 1446년 9월 초순 훈민정음을 반포함으로써 집권 후반기에 인류사에 빛나는 걸작을 만들었다. 『훈민정음해례본』 서문에 창제 동기가 분명히 기술되어 있다.

우리나라 말이 중국과 달라 한자와는 서로 통하지 않으므로 어리석은 백성이 말하고자 하는 바가 있어도 끝내 제 뜻을 펴지 못하는 사람이 많으니라. 내가 이것을 가엾게 여겨 새로 스물여덟 글자를 만드니, 모든 사람들로 하여금 쉽게 익혀서 날마다 쓰는 데 편하게 하고자 할 따름이니라.

國之語音 異乎中國 與文字 不相流通, 故愚民 有所欲言而 終不得伸其情者多矣. 予爲此憫然 新制二十八字 欲使人人易習 便於日用耳.[4]

훈민정음 전파

훈민정음 연구에서 이 부분이 경영학적으로 흥미로운데 연구가 비교적 덜 되어 있다. 언문청을 설치했으며(1446. 11. 8) 하급 관리 시험에 훈민정음을 출제했고 공문서를 훈민정음으로 보내는 등의 노력을 한 것으로 알려져 있다. 또한 사서四書를 비롯한 각종 서적을 언문으로 출판했는데 백성을 위해 『석보상절』과 『월인천강지곡』을, 사대부를 위한 『용비어천가』와 『동국정운』을 편찬하여 보급에 노력했다. 얼마 되지 않아 생긴 포도청 벽서 사건이 글자 보급의 힘을 잘 말해준다. 고위 관리인 정승을 비판한 벽서로 내용은 이랬다.

하 정승아, 또 나랏일을 그르치지 마라.

세종의 앙트러프러너십

세종의 파토스 : 헥토르와 프리아모스의 용기

호메로스가 『일리아스』에서 말하는 최고의 용기는 트로이 왕자 헥토르와 그의 아버지 프리아모스를 통해 말하는 용기이다. 헥토르는 아킬레우스와 싸우면 반드시 죽음을 면하기 어렵다는 것을 알면서도 모든 군사를 성안으로 철수시키고 혼자서 아킬레우스와 싸운다. 죽음 직전에 아킬레우스에게 자기 시체를 트로이에 보내줄 것을 부탁하지만 거절당하고 결국은 아킬레우스의 칼에 죽는다.

헥토르는 왕자로서 책임을 다하고 죽음 앞에서도 존엄을 잃지 않는 진정한 용기를 보여준다. 이와 함께 그의 아버지 프리아모스 왕은 아킬레우스 앞에 무릎을 꿇고 아들의 시체를 돌려줄 것을 애원함으로써 부모로서의 용기를 보여준다. 헥토르와 프리아모스의 용기를 세종의 파토스로 삼은 것은 군주로서 보여준 백성에 대한 책임과 애민이 그들과 흡사하기 때문이다.

세종의 로고스: 소크라테스적 의문과 디자인사고

앙트러프러너십의 관점으로 세종의 업적을 살펴보면 세종의 로고스는 소크라테스적 의문과 디자인사고라고 생각된다. 하나씩 짚어보기로 한다.

먼저 소크라테스적 의문을 든 것은 세종이 기존의 사고체계에 대한 강한 의문을 제기한 자료를 찾을 수 있기 때문이다. 세종은 삼봉 정도전을 중심으로 한 성리학자들이 만든 학자 관료 출신 중심의 논리에 강한 의구심을 제기했다. 그것은 한글이란 문자 창제와 각종 과학혁명에서 엿볼 수 있다.

특히 세종이 보여준 과학혁명은 앙트러프러너십을 실현

한 대표적 사례인데 세종은 애매모호하게 사용되던 것에 강한 의문을 품고 시계인 자격루와 우량계인 측우기를 만들었다. 이를 위해 과감히 인재를 등용하는 결단을 내렸다. 아울러 애매한 국경을 명확히 한 것도 기존의 것에 강한 의문을 제기한 사례로 볼 수 있다. 4군 6진을 개척하여 압록강과 두만강을 경계로 조선의 영토를 분명히 했다. 이러한 일련의 조치로 조선의 경제 생산성을 급격히 높여 인구 증가를 가져오고 국력을 신장시킬 수 있었다.

세종의 또 다른 로고스는 디자인사고이다. 백성이 중심에 서는 국가 경영 콘셉트를 실현하기 위해 세종이 시행한 개혁은 문자 창제와 각종 사회보장제도의 도입이다. 예를 들어 생산의 주역인 관노의 출산을 장려하기 위해 충분한 휴식과 심지어 남편에게도 출산휴가를 주는 획기적인 제도를 도입했다. 또한 출산과 질병으로 죽어가는, 특히 출산의 주역인 여성들의 건강을 챙기기 위해 의녀제도를 도입했다.

세종의 에토스: 아는 것을 행한 최초의 실학자

세종의 에토스를 생각했을 때 바로 떠오른 것이 실학이다. 하지만 실학은 조선 후기에 나온 사상이라 세종의 에토스로 단정 짓기는 마땅하지가 않다. 그래서 '최초의 실학자'라는 표현을 썼다. 이후 사대부의 득세로 계급사회가 형성되자 정권 다툼을 위해 이기이원론과 이기일원론이라는 근본주의와 현실주의 간 논쟁이 벌어진다. 이로써 실학적 성리학은 정치적 성리학으로 변모하고 말았다. 따라서 다산과 북학파가 내세운 실학은 삼봉 정도전이나 세종에게서 이미 시작된 것이라 봐도 무리는 없을 것이다.

세종의 최우선 과제는 경제적 부흥이었고 이를 위해 과감히 인재를 등용하여 영농 과학화에 매진했다. 이 역시 일종의 과학혁명이다. 또한 주 생산계층인 관노비의 인구 증가를 위해 지금 봐도 놀라울 정도의 복지제도를 도입했으며, 문자를 알아야 소통을 할 수 있고 그로 인해 경제와 사회 발전이 가능하다고 보아 한글 창제에 나섰다.

이러한 각종 개혁 조치를 단행하면서 세종이 보여준 리더십은 실학적 개혁가가 갖춰야 할 면모를 그대로 드러낸다. 예를 들어보기로 하자.

세종은 아버지 태종과는 달리 정치 보복을 하지 않았고 형제간 우애를 잘 조정하여 가정적으로도 뛰어난 가장이었다. 특히 양녕대군에 대한 처우를 각별히 한 것으로 알려져 있다. 한마디로 수신제가치국평천하의 군주였다. 특히 리더로서 우리가 본받아야 할 부분은 훈민정음 창제에 대한 최만리의 반대 상소에 대한 대처이다. 세종은 최만리의 반대가 이유 있다고 보았고 오히려 그를 승진시켜 칭찬하는 모습을 보여주었다. 그런 가운데 훈민정음 창제라는 전대미문의 혁신을 소리 소문 없이 직접 해냈다. 포용력 있고 솔선수범하는 최고의 혁신 리더라 하지 않을 수 없다.

세종은 인재 발탁과 등용에도 남다른 능력을 보였다. 황희와 맹사성이라는 성격이 다른 두 보좌진을 그것도 오랜 기간 둔 점이 도드라지며, 집현전을 통해 젊은 인재를 발굴한 점도 높이 살 만한다. 끝으로 끊임없이 공부하는 군주로서 사전 조사와 법전 및 사례에 근거하여 신중히 결정하고 한번 결정하면 밀고 나간 신중하면서도 과감한 추진력으로도 잘 알려져 있다. 예를 들어 조세개혁을 위해 14년 동안 17만 명을 대상으로 조사했고 국정 토론인 경연은 32년간 1,898번을 했다.

세종의 한계와 정조와의 비교

세종의 한계

4군 6진을 개척하여 토지의 생산성을 높이려 사민 정책을 단행했으나 대부분 고향으로 도망쳐 백성들의 원성이 높았으며, 상공업 진흥을 위해 화폐를 도입했으나 이 또한 백성들의 원성을 샀다. 금융은 예나 지금이나 중요하고 어려운 문제이다. 사대 외교로 백성들의 삶을 곤궁하게 한 점도 비판의 도마에 오른다. 명나라 사신 접대, 명이 요구하는 해동청, 말, 처녀 등을 공출하는 과정에서 많은 원성을 산다. 마지막으로 허조를 중심으로 한 원칙주의자의 손을 들어주어 사회가 급격히 보수화되는 계기를 만들었다. 고려시대까지 자유로웠던 여성을 차별하고 가죽신을 착용하지 못하게 하고 수령고발금지법을 제정하는 등 자유를 후퇴시키는 법이 이때 만들어졌다는 것은 아이러니하다.

세종과 정조의 비교

조선의 두 대표적인 군주인 세종과 정조를 비교하면서 이 글을 마무리한다.[5] 두 군주의 공통점을 『장자』에 나오는 사상으로 정리해본다. 먼저 시대 변화를 적극 수용했다. 이를 『장자』에서는 '화이위조化而爲鳥(물고기가 변화하여 새가 된다)'라고 했다. 다음으로 두 군주는 현실적이고 과학적이었다. 즉 실용성을 높이 샀다. 이를 『장자』에서는 '무용지대용無用之大用(큰 쓸모가 있는 것은 쓸모가 없어 보인다)'이라고 했다. 셋째, 줄기찬 학습으로 자신에게 철저했고 신하들의 의견을 경청하고 토론을 즐겼다.[6]

반면에 두 군주는 다른 점도 많은데 반대에 대처하는 방식에서 가장 큰 차이를 보인다. 세종은 한번 결정하면 초지

일관 밀고 나가는 스타일인 데 반해 정조는 흔들렸다. 북학과 서학을 대하는 정조의 태도에서 그것을 엿볼 수 있다. 다음으로 운명에 대처하는 방식이 다르다. 세종은 삼남이고 아버지 태종의 악행을 운명으로 받아들여 이를 승화시키는 노력을 적극적으로 했다. 니체가 말한 운명애를 보여준다. 반면 정조는 사도세자의 친자라는 운명을 승화시키지 못했다. 할아버지 영조의 조치를 받아들이고 사회개혁과 경제발전으로 불행을 승화시켜야 했다. 그럼에도 불구하고 수원성을 축성하여 사도세자를 기리고 말년에 거처로 생각한 것은 운명을 따르는 숙명론을 보여준 증거이다. 군주가 운명을 따르는 것은 백성들에게 큰 짐이 된다.

어떤 사회가 좋은가

　　이제 앙트러프러너십을 마무리할 때가 되었다. 이 책을 통해 오염된 앙트러프러너십을 철학으로 세탁하여 인간 정신의 핵심인 잊힌 티모스를 복원하고자 했다. 결론은 파토스, 로고스, 에토스가 살아 있는 앙트러프러너십이 진정한 앙트러프러너십이라는 것이다. 앙트러프러너십이 존중받고 살아 있는 좋은 사회를 만들어가야 우리는 '역사의 종말'에서 헬조선을 말하지 않을 것이다. 따라서 우리는 좋은 사회를 디자인할 필요가 있다. 이를 위해 좋은 사회가 무엇인지에 대한 논의가 필요하다. 유토피아, 디스토피아, 후기자본주의 비판 등을 통해 그것을 알아보기로 한다.

유토피아

종교에서는 유토피아를 천당이라고 하여 지옥, 연옥과 대립시키고 있지만 여기서는 학문적인 접근에 한정하여 논의한다. 산업혁명 이후 사람들은 기술의 힘을 눈앞에 보면서 꿈같은 미래를 그려내기 시작한다. 이상 사회, 즉 유토피아다. 먼저 유토피아의 의미부터 살펴본다.

오늘날 마약의 어원이 된 영국 민중시 「코케인의 나라[The Land of Cockaygne]」에서 따온 코케인, 평등을 의미하는 아르카디아[Arcadia], 『성경』에서 말하는 밀레니엄[Millenium](「요한계시록」 20장 4~6절) 등이 있지만 더 아카데믹한 논의는 토머스 모어[Thomas Moore](1477~1535)가 말한 의미이다.

유토피아[utopia]는 원래 토머스 모어가 그리스어 ou(오우: 없는)와 topos(토포스: 장소)라는 두 말을 결합하여 만든 용어이지만 동시에 eu(에우: 좋은) 장소라는 의미도 갖는다. 없지만 지향해야 할 이상 사회로 이해하면 될 것이다. 동양에서는 복사꽃이 피어 있고 입구가 좁아 찾기가 어렵고 늙음이 없고 고통이 없는 무릉도원[武陵桃源]이 이상 사회로 전해 내려온다.

서양에서는 여러 철학자들이 유토피아를 묘사했는데, 그중 세 사람이 그려내고 있는 유토피아를 간단히 살펴본다.[1]

『유토피아』에서 토머스 모어는 히슬로디라는 가공의 인

물이 '유토피아'라는 섬에서 5년간 머물면서 겪은 이야기를 들려준다. 여기서 그는 생산, 소유, 분배가 평등한 사회, 즉 아르카디아를 이상 사회로 그려낸다. 따라서 이는 좌파적 유토피아의 전형으로 꼽힌다. 프랑스 파리 근교 소도시에 유네스코가 세계문화유산으로 지정한 옛 초콜릿 공장이 있는데, 이곳은 제약회사 사장이 약으로 쓰이던 초콜릿을 과자로 만들어 큰 성공을 거두고 그 결실을 노동자와 공유하는 다양한 프로그램을 개발하여 시행한 유토피아 프로젝트로 유명하다.

프랜시스 베이컨은 이와 대치되는 유토피아 이미지를 선보인다. 그는 『신아틀란티스』에서 과학기술의 발전으로 진보한 사회의 모습을 묘사하는데, 기계가 노동을 대신하기 때문에 일하지 않고 즐기는, 즉 코케인의 나라를 이상 사회로 이야기한다. 우파적 시각에서 본 유토피아로 자유주의 유토피아라고도 한다.

한편 앤서니 기든스^{Anthony Giddens}(1938~)는 좌와 우를 넘어서는 유토피아를 그려낸다. 그는 『좌파와 우파를 넘어서』 『제3의 길』이라는 책에서 유토피아를 다음과 같이 구체적으로 말한다. '자유가 보장된 평등, 평등이 전제된 자유, 경쟁이 보장된 협동, 협동이 전제된 경쟁, 사생활이 보장된 유대, 유대가 전제된 사생활.' 좋은 말이지만 이론적 논의를 깊게 하기엔 너무 절충적이고 애매모호하다.

디스토피아

　그렇다면 기술혁신을 중심으로 한 산업혁명과 자본주의와 민주주의란 제도혁신을 통해 이상 사회는 실현되었는가? 이를 비판하는 것이 디스토피아^{dystopia}다. 역$_逆$유토피아라고 번역되기도 한다. 산업혁명과 프랑스대혁명, 사회주의혁명으로 유토피아가 실현되었다고 보는 유토피아공학적 입장과 달리 유토피아를 비판하는 일군의 학자들이 출현하는데 이들의 유토피아에 대한 비판적 견해를 디스토피아라고 한다. 칼 포퍼, 조지 오웰, 올더스 헉슬리, 에리히 프롬 등이 그들이다.[2]

　칼 포퍼는 『열린사회와 그 적들』에서 오류투성이의 인간이 내세우는 유토피아를 '닫힌사회$^{closed society}$'라고 보고 이런 사회에서는 반드시 폭력과 희생이 수반된다고 하면서 '열린사회$^{open society}$'의 길을 말한다. 비판이 허용되는 사회, 개인주의 사회, 점진적 사회공학, 행복 추구보다 고통 감소가 목적인 사회 등을 열린 사회로 가는 길로 제시한다. 요약하면 전체주의 사회를 비판하고 새로운 사회를 설계하는 지침을 제시하고 있다.

이와 유사한 입장에서 디스토피아를 말하고 있는 사람이 조지 오웰George Orwell(1903~1950)이다. 그는 『1984년』『동물농장』 등에서 전체주의, 파시즘, 공산주의를 비판한다. '빅브라더'라는 은유로 감시를, '프로크루스테스의 침대'란 은유로 전체주의적 세뇌와 처벌을 사회주의의 어두운 면으로 비판한다. 그는 자유, 인간의 존엄성, 사랑 등을 상실한 전체주의 사회는 유토피아가 될 수 없다고 지적한다.

두 사람의 입장이 제도 비판이라면 개인 의식에 초점을 맞추어 유토피아를 비판하는 사람이 올더스 헉슬리Aldous Huxley(1894~1963)와 에리히 프롬이다. 헉슬리는 『멋진 신세계』에서 인간공학으로 선별과 사육이 이루어진 사회의 어두운 면을 비판하고 있다. 선별의 논리를 생물학적 결정론, 진화론, 사회생물학 같은 인간공학이 뒷받침하고 사육의 논리는 환경결정론과 행동주의심리학이 뒤를 받치고 있다. 그는 주인공 존을 통해 이렇게 말한다.

"나는 안락을 원하지 않습니다. 나는 신을 원하고 문학도 원해요. 자유와 위험과 죄도 원합니다."

인간공학에 의해 안정과 행복이 보장된 사회가 아니라 불행해질 권리, 무지할 권리가 있는 사회를 지향하는 것이다. 그는 디스토피아를 통해 유토피아를 이야기하는데, 핵심은 인간공학이 아니라 티모스임을 보여준다.

정신분석학자인 에리히 프롬[Erich Fromm](1900~1980)은 『자유로부터의 도피』에서 어렵게 쟁취한 자유를 버리고 사람들이 대중의 의견과 취향을 따르는 것을 비판하면서, 유토피아는 결코 사회제도나 과학기술의 발전에서 오는 것이 아니라 인간 정신이 수용할 수 있는 가장 강력한 신념을 고취할 수 있을 때 다가설 수 있는 것이라고 말한다. 인간적 가치인 자유, 사랑, 정의, 진리, 연대성을 향한 치열한 정념을 티모스로 이야기한다.

미국 작가 켄 키지[Ken Kesey](1935~2001)도 프롬과 유사한 비판을 하고 있다. 그는 『뻐꾸기 둥지 위로 날아간 새』에서 티모스가 거세된 현대인들을 고발한다. 순종적인 사람을 만들려는 거대한 음모에 의해 강제로 정신병원에 수용된 사람들을 주인공이 구하여 감옥 문을 열어놓았으나 아무도 나가지 않는다는 것이 주요 스토리이다.

후기자본주의 비판

자본주의는 생산 중심의 자본주의와 소비 중심의 자본주의로 구분하여 전기와 후기로 나누는데 후기자본주의에 대한 비판을 살펴볼 필요가 있다. 우리가 살고 있는 사회가 바로 후기자본주의 사회이기 때문이다.

에르네스트 만델$^{Ernest\ Mandell}$(1923~1995)은 후기자본주의의 특징을 소비물신주의라고 한다.[3] 이는 소비를 우상화하는 자본주의 속성을 표현한 것이다. 소비물신주의를 데카르트의 표현으로 패러디해본다.

나는 소비한다. 고로 존재한다.

이 말 속에 후기자본주에 대한 비판이 담겨 있다. 그는 소비를 어플루엔자^{affluenza}로 비판한다. 이는 풍요^{affluence}와 인플루엔자^{influenza}의 합성어인데 풍요라는 인플루엔자에 감염되어 소비하기 위해 노동을 하는 인간을 비유하고 있다.

좀 심하지만 늑대의 칼날에 비유하기도 한다. 날카로운 칼에 피를 묻혀 얼음에 꽂아두면 늑대가 피를 핥아 먹다 칼에 혀를 베여 피를 흘리고 자기 피인 줄 모르고 더 핥다 결국 과다출혈로 죽는다고 한다. 이처럼 만델은 소비하기 위해 노동하는 후기자본주의 인간의 모습을 어플루엔자와 늑대의 칼날에 빗대어 비판하고 있다.

문제는 소비의 욕망은 자신의 욕망이 아니라 타인의 욕망이라는 점이다. 프랑스 철학자 자크 라캉^{Jacques Lacan}(1901~1981)은 이렇게 말한다.

우리는 타인의 욕망을 대리 만족하면서 살고 있다.

존 케네스 갤브레이스^{John Kenneth Galbraith}(1908~2006)는 『풍요로운 사회』에서 현대사회가 사람들을 소비하도록 가르치는 방식은 너무나 완벽하고 지적이고 고급스러워서 그에 버금가는 그 어떤 종교적·정치적·도덕적 활동도 찾아보기 힘들다고 말한다. 프랑스 철학자인 앙리 르페브르^{Henri Lefèbvre}(1901~1991)는 『현대사회의 일상성』에서 현대사회를 소비 조작 관료사회라고 하여 제도가 소비를 부추기는 사회임을 비판한다.

여성 철학자로 유명한 한나 아렌트^{Hannah Arendt}(1906~1975)는 현대 자본주의사회가 사적 영역인 욕구와 필요를 사회적 영역으로 바꾸어 하나의 거대한 가정으로 조직화한 사회라고 지적하며 사적 가치가 지배하는 사회임을 비판한다.

이 밖에도 많은 학자들이 후기자본주의 문제점을 지적하

고 있다. 마이클 센델은 『돈으로 살 수 없는 것들』에서 사회가 시장을 포용하는 것이 아니라 시장이 사회를 압도하는 것이 지금의 사회라고 말한다. 이른바 시장사회이다. 스테판 G. 메스트로비치는 『탈감정사회』에서 감정이 없는 사회, 즉 욕망을 감정으로 혼돈하여 열심히 추구하는 사회를 이야기하며, 리처드 세넷은 『새로운 자본주의 문화』에서 표류하는 개인과 소멸하는 열정을 후기자본주의 사회의 특징으로 든다. 재독 철학자인 한병철 교수는 『피로사회』『투명사회』를 통해 오늘날의 우리 사회를 자기가 자신을 착취하는 사회라고 규정하면서 지나치게 투명함을 강조하다 보니 수치화에 목을 매는 우리의 모습을 비판한다.

다시 우리 돌아보기

지금까지 논의에서 우리는 자본주의라는 제도로서 유토피아의 좁은 문을 찾기가 쉽지 않음을 확인했다. 그렇다면 무엇으로 유토피아는 가능할까? 이를 말하기 전에 소박하지만 우리 사회의 담론을 살펴본다.

2015년 최고 베스트셀러는 아들러 심리학을 다룬 『미움받을 용기』이다.[4] 아들러는 프로이트와 융을 이은 오스트리아 정신분석학의 손자뻘 학자인데 앞의 두 사람을 비판하여 새로운 방향을 제시하고 있다. 그는 말한다. 정신분석학에서 중요하게 다루는 트라우마는 어디까지나 인간의 심리를 과거, 현재, 미래가 연속되는 선으로 볼 때 나오는 논리일 뿐이라고. 그는 심리는 선이 아닌 점으로 보아 트라우마는 그것이 필요하여 뇌가 만들어낸 것이지 그것 때문에 현재 정신 이상이 생긴 것은 아니라고 주장한다. 따라서 앞선 두 사람의 심리학을 인과론이라 하고 자신의 심리학을 목적론이라고 일컫는다. 또한 아들러는 타인의 눈을 의식하지 않고 자기 삶을 살아가는 것을 미움받을 용기라고 말한다.

한편 인문학 열풍이 불고 있는데 후기자본주의를 살아가면서 갖는 허전함을 어쩌지 못하고 있다는 증거이다. 아일랜드 작가 오스카 와일드Oscar Wilde(1854~1900)는 "우리 모두가 시궁창 속에 있지만 그중 어떤 사람들은 고개를 들어 하늘의 별을 바라본다"고 했다. 인문학이 하늘의 별일 수 있다.

미움받을 용기를 찾고 별을 바라보듯 철학 서적을 읽고 있다는 것은 우리 사회에서 티모스가 잊혔을 따름이지 없어진 것은 아니라는 사실을 말해준다. 외국인들 눈에는 낙원인데 우리 눈에는 지옥으로 보이는 것도 티모스가 잠재해 있다는 증거이다. 과제는 우리의 잠재된 티모스를 사회적으로 살려내는 것이다.

좋은 사회의 디자인

좋은 사회에 대한 기존 논의를 살펴보았다. 좋은 사회에 대한 기존 논의 어디에도 정답은 없다. 역사의 완결판이라는 우리 사회도 결코 좋은 사회가 아님을 알 수 있다. 그렇다면 좋은 사회, 우리가 지향해야 할 사회는 어떤 사회일까? 기본적으로 플라톤이 말하는 티모스가 살아 있고 존중받는 사회가 좋은 사회이다. 좀 더 구체적으로는 기업가의 세 가지 티모스인 파토스, 로고스, 에토스가 살아 있고 존중받는 사회가 바로 좋은 사회이다. 이러한 사회를 디자인하는 몇 가지 지침을 말하는 것으로 이 책을 마무리한다.

첫째, 기업가적 파토스인 '용기'가 존중되고 가장 소중한 삶의 가치가 되는 사회를 지향해야 한다. 돈과 명예, 권력을 성취한 사람을 성공한 사람으로 보는 것이 아니라 도전하면서 좌절하고 또 도전하는 비극적 용기를 인생 최고의 가치로 여기는 사회를 말한다.

둘째, 기업가적 로고스인 '의문하기'가 일상화되는 사회를 지향해야 한다. 내가 알고 있는 지식이 과연 진리인지 그리고 내가 가지고 있는 세상에 대한 이미지가 맞는지를 끊임없이 따져보고 진리를 찾으려는 노력이 존중받는 사회를 말한다. 이러기 위해서는 질문을 하고 또 타인의 비판에 열린

마음으로 대하는 자유로움을 가져야 한다. 여기서 우리는 욕망의 철학자인 리오타르 Jean François Lyotard (1924~1998)의 말을 경청할 필요가 있다. "토론의 목표는 일치가 아니라 불일치이다. 따라서 관용보다 존중이 필요하다."

셋째, 기업가적 에토스로서 우리의 사회사상을 소중하게 여기는 사회를 지향해야 한다. 부르주아와 프롤레타리아라는 이데올로기적 논쟁을 넘어서야 한다. 대안으로 실학을 생각한다. 실학은 프래그머티즘을 넘어서면서 인간 정신의 티모스를 존중하는 사상이라 우리의 사상으로 충분한 가치가 있다.

"대체 이런 사회가 있긴 한가?"라고 물으면 "있다"고 말할 수 있다. 스위스다. 800만 정도의 스위스인들이 척박한 산악지역에다 건설한 사회. 그들이 용병으로서 바티칸과 베르사유궁에서 보여준 용기를 알면, 제2차 세계대전 당시 히틀러 침공에 굽히지 않고 영세중립국으로서 자존을 지킨 역사를 알면, '있다'라는 주장에 수긍할 것이다.

참고문헌

티모스를 찾아서

1 프랜시스 후쿠야마, 이상훈 옮김, 『역사의 종말: 역사의 종점에 선 최후의 인간』, 한마음사, 2016.

2 크리스토퍼 제너웨이, 신현승 옮김, 『쇼펜하우어』, 시공사, 2001. 참고로 권태는 여러 철학자들의 연구 주제인데 다음 책에 자세히 소개되어 있다. 고쿠분 고이치로, 최재혁 옮김, 『인간은 언제부터 지루해했을까?』, 한권의책, 2014.

3 프랜시스 후쿠야마, 같은 책.

4 손병석, 『고대 희랍 로마의 분노론』, 바다출판사, 2013.

5 김용규, 『도덕을 위한 철학통조림 2』, 주니어김영사, 2005.

6 박찬국, 『초인수업』, 21세기북스, 2014.

7 김시담, 『경제학을 만든 사람들』, 박영북스, 2012, 67~105쪽.

8 막스 베버, 박성수 옮김, 『프로테스탄티즘의 윤리와 자본주의 정신』, 문예출판사, 2010.

9 Abraham H. Maslow, *Motivation and Personality*, New York: Harper,

1943.

10 김상봉, 『그리스 비극에 대한 편지』, 한길사, 2003.

11 프랜시스 후쿠야마, 같은 책, 23쪽.

12 박찬국, 같은 책, 16~17쪽.

기업가는 어떤 사람인가

1 김경용, 『기호학이란 무엇인가』, 민음사, 1994, 280~307쪽.

2 프랜시스 후쿠야마, 이상훈 옮김, 『역사의 종말』, 한마음사, 1992.

3 위대한 과학자는 다음 책 참조. 빌리 우드워드 외, 김소정 옮김, 『미친 연구 위대한 발견』, 푸른지식, 2012.

4 알프레드 랜싱, 유해경 옮김, 『섀클턴의 위대한 항해』, 뜨인돌, 2001.

5 김용규, 『도덕을 위한 철학통조림 1』, 주니어김영사, 1998, 185~229쪽.

6 김용규, 같은 책, 185~229쪽.

7 박찬국, 『초인수업』, 21세기북스, 2014, 47~64쪽.

기업가의 티모스인 파토스, 로고스, 에토스

1 피터 드러커, 이재규 옮김, 『미래사회를 이끌어가는 기업가정신』, 한국경제신문, 2004, 35~36쪽.

2 고쿠분 고이치로, 최재혁 옮김, 『인간은 언제부터 지루해했을까?』, 한권의책, 2014, 109~111쪽.

3 피터 드러커, 같은 책, 42~43쪽.

4 Clayton M. Christensen, *The Innovator's Dilemma: When New Technologies Cause Great Firm to Fail*, Boston: Harvard Business School, 1977. Clayton M. Christensen and Michael E. Raynor, *The Innovator's*

Solution: Creating and Sustaining Successful Growth, Boston: Harvard Business School Press, 2003. Clayton M. Christensen, Scott D. Anthony, and Erik A. Roth, *Seeing What's Next: Using the Theories of Innovation to Predict Industry Change*, Boston: Harvard Business School Press, 2004.

5· 피터 드러커, 같은 책, 1~31쪽.

6 박문각 시사상식 편집부, 『시사상식사전』, 박문각, 2009.

파토스인 용기

1 김상봉, 『그리스 비극에 대한 편지』, 한길사, 2003. "유재원 교수가 길에서 만난 그리스 사람, 역사, 문화", 「한겨레신문」, 2016년 7월 22일.

2 토머스 벌핀치, 이윤기 옮김, 『벌핀치의 그리스 로마 신화』, 창해, 2009.

3 김용규, 『지식을 위한 철학통조림 3』, 주니어김영사, 2006.

4 김용규, 『도덕을 위한 철학통조림 2』, 주니어김영사, 2005.

5 박찬국, 『초인수업』, 21세기북스, 2014.

6 김상봉, 같은 책.

7 어니스트 헤밍웨이, 김욱동 옮김, 『노인과 바다』, 민음사, 2012.

8 요한 볼프강 폰 괴테, 이인웅 옮김, 『파우스트 1, 2』, 문학동네, 2014.

9 루이스 캐럴, 김양미 옮김, 『이상한 나라의 엘리스』, 인디고, 2008.

로고스인 의문하기

1 W. Chan Kim and Renee Mauborgne, *Blue Ocean Strategy*, Boston: Harvard Business School Press, 2005.

2 Sydow, J. and J. Koch, "Organizational Path Dependence: Opening The Black Box", *Academy of Management Review*, 34(4), 2009, pp.699~709.

3 Kaletsky, Anatole, *Capitalism 4.0*, London: Public Affairs, 2010.

4 Levitt, Theodore, "Marketing Myopia", *Harvard Business Review*, July-August, 1960, pp.45~56.

5 김용규, 『생각의 시대』, 살림, 2014.

6 김용규, 『지식을 위한 철학통조림 3』, 주니어김영사, 1998.

7 장하석, 『과학, 철학을 만나다』, 지식채널, 2014.

8 김용규, 『지식을 위한 철학통조림 3』, 주니어김영사, 1998.

9 진형준·유평근, 『이미지』, 살림, 2009. 진형준, 『싫증주의 시대의 힘 상상력』, 살림, 2005. 진형준, 『상상력 혁명』, 살림, 2010. 전인수, 『새로 쓰는 마케팅』, 학현사, 2012, 2장.

10 스테판 비알, 이소영 옮김, 『철학자의 디자인 공부』, 홍시, 2012.

11 Tim Brown, "Design Thinking", *Harvard Business Review*, June, 2008, pp.85~92. 샘 리스, 정미나 옮김, 『레토릭: 세상을 움직인 설득의 비밀』, 청어람미디어, 2012.

에토스인 신화와 사상

1 샘 리스, 정미나 옮김, 『레토릭: 세상을 움직인 설득의 비밀』, 청어람미디어, 2012.

2 존 피스크, 김태완, 김선남 옮김, 『커뮤니케션학이란 무엇인가』, 커뮤니케이션북스, 1998, 215~226쪽.

3 존 피스크, 같은 책, 227~247쪽.

4 Claud Lèvi-Strauss, *The Raw and the Cooked*, London: Cape, 1969.

5 올랑 바르트, 정현 옮김, 『신화론』, 현대미학사, 1995.

6 박영규, 『한권으로 읽는 조선왕조실록』, 웅진지식하우스, 2004.

7 한형조, 『조선 유학의 거장들』, 문학동네, 2012.

8 김용규, 『도덕을 위한 철학통조림 2』, 주니어김영사, 2014.

9 이유선, 『실용주의』, 살림, 2013.

한국 기업인의 앙트러프러너십

1 다음 책들 참조. 이병철, 『호암자전』, 중앙MB, 1986. 『삼성50년사』, 삼성
   비서실, 1989. 김병하, 『재벌의 형성과 기업가활동』, 한국능률협회, 1991.
   김병하, 「호암 이병철의 생애와 경영이념」, 『경영사학 3』, 한국경영사학
   회, 1988. 황명수, 『한국기업경영의 역사적 성격』, 신양사, 1993.

2 다음 책들 참조. 『정주영』, 1998. 정주영, 『이 땅에 태어나서』, 솔, 2009.
   정주영, 『시련은 있어도 실패는 없다』, 제삼기획, 1991. 박정웅, 『정주영
   이봐 해봤어?』, 프리이코노미북스, 2015.

3 김용규, 『백만장자의 마지막 질문』, 휴머니스트, 2013.

4 아킬레우스가 파트로클로스에게 말하는 내용은 다음 책에서 재인용. 손
   병석, 『고대 희랍의 분노론』, 제1장, 바다출판사, 2013.

5 주산 김우중에 대한 자료 정리는 삼일회계법인 양일수 전무의 손을 빌렸
   다. 양 전무는 대우그룹 워크아웃 때 직접 참여하여 실사를 담당한 회계
   사로 비교적 정확히 자료 정리가 된 것으로 보아도 될 것이다.

6 어니스트 헤밍웨이, 김욱동 옮김, 『노인과 바다』, 민음사, 2012.

세종의 앙트러프러너십

1 박영규, 『한권으로 읽는 조선왕조실록』, 웅진지식하우스, 2004, 89
   ~124쪽.

2 박시백 풀이, 『세종 · 문종실록』, 휴머니스트, 2014.

3   김슬옹,『세종, 한글로 세상을 바꾸다』, 창비, 2014.

4   한글학회 편,『훈민정음』, 해성사, 1998.

5   박시백 풀이,『정조실록』, 휴머니스트, 2014.

6   오강남 풀이,『장자』, 현암사, 1999, 26~53쪽.

어떤 사회가 좋은가

1   김용규,『철학카페에서 문학 읽기』, 웅진지식하우스, 2006, 211~231쪽.

2   김용규, 같은 책, 233~280쪽.

3   김용규, 같은 책, 255~304쪽.

4   기시미 이치로·고가 후미타케, 전경아 옮김,『미움받을 용기』, 인플루엔
    셜, 2013.

프랑스엔 〈크세주〉, 일본엔 〈이와나미 문고〉,
한국에는 〈살림지식총서〉가 있습니다.

📖 전자책 | 🔍 큰글자 | 🔊 오디오북

철학으로 본 앙트러프러너십

펴낸날	초판 1쇄 2016년 10월 30일
	초판 4쇄 2022년 8월 25일

지은이	전인수
펴낸이	심만수
펴낸곳	(주)살림출판사
출판등록	1989년 11월 1일 제9-210호

주소	경기도 파주시 광인사길 30
전화	031-955-1350 팩스 031-624-1356
홈페이지	http://www.sallimbooks.com
이메일	book@sallimbooks.com

ISBN	978-89-522-3520-6 04080
	978-89-522-0096-9 04080 (세트)

054 재즈

eBook

최규용(재즈평론가)

즉흥연주의 대명사, 재즈의 종류와 그 변천사를 한눈에 알 수 있도록 소개한 책. 재즈만이 가지고 있는 매력과 음악을 소개한다. 특히 초기부터 현재까지 재즈의 사조에 따라 변화한 즉흥연주를 중심으로 풍부한 비유를 동원하여 서술했기 때문에 재즈의 역사와 다양한 사조의 특징을 쉽게 이해할 수 있다.

255 비틀스

eBook

고영택(대중음악평론가)

음악 하나로 세상을 정복한 불세출의 록 밴드. 20세기에 가장 큰 충격과 영향을 준 스타 중의 스타! 비틀스는 사람들에게 꿈을 주었고, 많은 젊은이들의 인생을 바꾸었다. 그래서인지 해체한 지 40년이 넘은 지금도 그들은 지구촌 음악팬들의 많은 사랑을 받고 있다. 비틀스의 성장과 발전 모습은 어떠했나? 또 그러한 변동과정은 비틀스 자신들에게 어떤 의미였나?

422 롤링 스톤즈

eBook

김기범(영상 및 정보 기술원)

전설의 록 밴드 '롤링 스톤즈'. 그들의 몸짓 하나하나는 우리가 생각하는 것보다 훨씬 더 탁월한 수준의 음악적 깊이, 전통과 핵심에 충실하려고 애쓴 몸부림의 흔적들이 존재한다. 저자는 '롤링 스톤즈'가 50년 동안 추구해 온 '진짜'의 실체에 다가가기 위해 애쓴다. 결성 50주년을 맞은 지금도 구르기(rolling)를 계속하게 하는 힘. 이 책은 그 '힘'에 관한 이야기다.

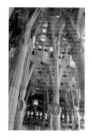

127 안토니 가우디 아름다움을 건축한 수도사

eBook

손세관(중앙대 건축공학과 교수)

스페인의 세계적인 건축가 가우디의 삶과 건축세계를 소개하는 책. 어느 양식에도 속할 수 없는 독특한 건축세계를 구축하고 자연과 너무나 닮아 있는 건축가 가우디. 이 책은 우리에게 건축물의 설계가 아닌, 아름다움 자체를 건축한 한 명의 수도자를 만나게 해준다.

131 안도 다다오 건축의 누드작가

eBook

임재진(홍익대 건축공학과 교수)

일본이 낳은 불세출의 건축가 안도 다다오! 프로복서와 고졸학력, 독학으로 최고의 건축가 반열에 오른 그의 삶과 건축, 건축철학에 대해 다뤘다. 미를 창조하는 시인, 인간을 감동시키는 휴머니즘, 동양사상과 서양사상의 가치를 조화롭게 빚어낼 줄 아는 건축가 등 그를 따라다니는 수식어의 연원을 밝혀 본다.

207 한옥

eBook

박명덕(동양공전 건축학과 교수)

한옥의 효율성과 과학성을 면밀히 연구하고 있는 책. 한옥은 주위의 경관요소를 거스르지 않는 곳에 짓되 그곳에서 나오는 재료를 사용하여 그곳의 지세에 맞도록 지었다. 저자는 한옥에서 대들보나 서까래를 쓸 때에도 인공을 가하지 않는 재료를 사용하여 언뜻 보기에는 완결미가 부족한 듯하지만 실제는 그 이상의 치밀함이 들어 있다고 말한다.

114 그리스 미술 이야기

eBook

노성두(이화여대 책임연구원)

서양 미술의 기원을 추적하다 보면 반드시 도달하게 되는 출발점인 그리스의 미술. 이 책은 바로 우리 시대의 탁월한 이야기꾼인 미술사학자 노성두가 그리스 미술에 얽힌 다양한 이야기를 재미있게 풀어놓은 이야기보따리이다. 미술의 사회적 배경과 이론적 뿌리를 더듬어 감상과 해석의 실마리에 접근하는 또 다른 시각을 제공하는 책.

382 이슬람 예술

eBook

전완경(부산외대 아랍어과 교수)

이슬람 예술은 중국을 제외하고 가장 긴 역사를 지닌 전 세계에 가장 널리 분포된 예술이 세계적인 예술이다. 이 책은 이슬람 예술을 장르별, 시대별로 다룬 입문서로 이슬람 문명의 기반이 된 페르시아·지중해·인도·중국 등의 문명과 이슬람교가 융합하여 미술, 건축, 음악이라는 분야에서 어떻게 표현되었는지 설명한다.

417 20세기의 위대한 지휘자 `eBook`

김문경(번리사)

뜨거운 삶과 음악을 동시에 끌어안았던 위대한 지휘자들 중 스무 명을 엄선해 그들의 음악관과 스타일, 성장과정을 재조명한 책. 전문 음악칼럼니스트인 저자의 추천음반이 함께 수록되어 있어 클래식 길잡이로서의 역할도 톡톡히 한다. 특히 각 지휘자들의 감각 있고 개성 있는 해석 스타일을 묘사한 부분은 이 책의 백미다.

164 영화음악 불멸의 사운드트랙 이야기 `eBook`

박신영(프리랜서 작가)

영화음악 감상에 필요한 기초 지식, 불멸의 영화음악, 자신만의 세계를 인정받는 영화음악인들에 대한 이야기를 담았다. 〈시네마천국〉〈사운드 오브 뮤직〉 같은 고전은 물론, 〈아멜리에〉〈봄날은 간다〉〈카우보이 비밥〉 등 숨겨진 보석 같은 영화음악도 소개한다. 조성우, 엔니오 모리꼬네, 대니 앨프먼 등 거장들의 음악세계도 엿볼 수 있다.

440 발레 `eBook`

김도윤(프리랜서 통번역가)

〈로미오와 줄리엣〉과 〈잠자는 숲속의 미녀〉는 발레 무대에 흔히 오르는 작품 중 하나다. 그런데 왜 '발레'라는 장르만 생소하게 느껴지는 것일까? 저자는 그 배경에 '고급예술'이라는 오해, 난해한 공연 장르라는 선입견이 존재한다고 지적한다. 저자는 일단 발레라는 예술 장르가 주는 감동의 깊이를 경험하기 위해 문 밖을 나서길 원한다.

194 미야자키 하야오 `eBook`

김윤아(건국대 강사)

미야자키 하야오의 최근 대표작을 통해 일본의 신화와 그 이면을 소개한 책. 〈원령공주〉〈센과 치히로의 행방불명〉〈하울의 움직이는 성〉이 사랑받은 이유는 이 작품들이 가장 보편적이면서도 가장 일본적인 신화이기 때문이다. 신화의 세계를 미야자키 하야오의 작품과 다양한 측면으로 연결시키면서 그의 작품세계의 특성을 밝힌다.

eBook 표시가 되어있는 도서는 전자책으로 구매가 가능합니다.

㈜살림출판사

www.sallimbooks.com

주소 경기도 파주시 문발동 522-1 | 전화 031-955-1350 | 팩스 031-955-1355